企业财务管理与财政税收理论探究

龚瑞祥　崔艺鑫　纪维玲◎著

哈尔滨出版社

HARBIN PUBLISHING HOUSE

图书在版编目（CIP）数据

企业财务管理与财政税收理论探究/龚瑞祥，崔艺
鑫，纪维玲著. --哈尔滨：哈尔滨出版社，2024.7
ISBN 978-7-5484-7766-2

Ⅰ.①企… Ⅱ.①龚… ②崔… ③纪… Ⅲ.①企业管
理－财务管理－研究②企业管理－税收管理－研究 Ⅳ.
①F275②F810.423

中国国家版本馆 CIP 数据核字(2024)第 055247 号

书　　名：企业财务管理与财政税收理论探究
QIYE CAIWU GUANLI YU CAIZHENG SHUISHOU LILUN TANJIU

作　　者：龚瑞祥　崔艺鑫　纪维玲　著
责任编辑：孙　迪

出版发行：哈尔滨出版社（Harbin Publishing House）
社　　址：哈尔滨市香坊区泰山路82-9号　邮编：150090
经　　销：全国新华书店
印　　刷：北京四海锦诚印刷技术有限公司
网　　址：www.hrbcbs.com
E－mail：hrbcbs@yeah.net
编辑版权热线：（0451）87900271　87900272
销售热线：（0451）87900202　87900203

开　　本：787mm×1092mm　1/16　印张：11.75　字数：240千字
版　　次：2024年7月第1版
印　　次：2024年7月第1次印刷
书　　号：ISBN 978-7-5484-7766-2
定　　价：68.00元

凡购本社图书发现印装错误，请与本社印制部联系调换。
服务热线：（0451）87900279

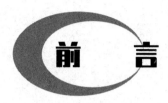

前　言

　　财务工作是企业内部管理工作的重要组成部分,能够对企业的资金进行合理的控制,对提升企业经济效益以及社会效益具有十分重要的作用。适当的财政税收政策不仅可以促进国有企业的改革和发展,还可以优化经济结构,提高社会公平,推动经济可持续发展。企业财务管理活动贯穿企业生命全周期,纳税筹划是提升企业财务管理水平的有效手段,通过全面了解和掌握企业的税收情况,借助科学、合理、合法的方法,可以帮助企业合理节税,提高企业财务管理水平,促进企业长期健康发展,提升竞争力。

　　基于此,本书以财务管理的内涵与目标、财务管理的组织与职能、财务管理的原则与环境、财务管理基本价值观念为切入点,阐述企业财务管理理论基础;在企业财务管理方面,论述企业财务筹资管理、企业投资管理与决策分析、企业营运资本与利润管理、财政概论与税收原理、财政支出与财政收入、政府预算与财政政策;又从税收征收管理认知、税务管理与税款征收两方面探究税收征收管理。

　　本书注重章节之间的逻辑性和连贯性,每一章节都精心设计,以确保内容既具备完整性又具有系统性。这有助于读者更好地理解不同主题之间的关联性,从而更全面地把握企业财务管理与财政税收理论的整体框架,为读者提供精练且实践性强的内容。

　　作者在写作过程中,得到了许多专家、学者的帮助和指导,在此表示诚挚的谢意。由于作者水平有限,加之时间仓促,书中所涉及的内容难免有疏漏之处,希望各位读者多提宝贵的意见,以便进一步修改,使之更加完善。

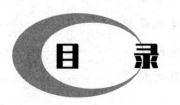

目 录

第一章 企业财务管理理论基础

第一节 财务管理的内涵与目标

一、财务管理的内涵

(一) 企业财务经济关系

企业的财务关系是指企业在组织财务活动的过程中与有关方面形成的经济关系，主要包括以下方面的关系：

1. 企业与员工个体之间的关系

企业与个人的财务关系相对简单，主要是指企业对员工工作产量、质量及能力付以对应的工资、津贴、奖金等发生的资金结算关系，以及企业根据国家有关政策为员工缴纳的养老保险、医疗保险和住房公积金等。

2. 投资企业与被投资企业之间的关系

投资企业与被投资企业之间的财务关系主要是指企业将闲置资金投放于其他企业股票、固定资产或无形资产所形成的经济关系。企业按出资比例或合同章程的规定，参与被投资单位的利润分配和经营管理。

3. 企业与债权人、债务人之间的关系

企业、债权人、债务人这三个经济主体的财务关系主要是通过债权与债务的对立统一而形成的经济联系，主要包括企业之间由于购销商品、提供劳务等形成的资金结算关系，以及与债权人或债务人之间的借款、付息还款等资金借贷关系。

4. 企业与企业所有者之间的关系

企业所有者按照出资比例、章程或合同规定履行出资义务，向企业投入资金，形成企业的所有者权益。企业在实现利润后，应向企业所有者分配利润。

（二）财务管理与企业间的关系

1. 财务管理与企业资产

资金或资产是企业能够正常运行的重要支撑，任何企业的运行都离不开企业资金，这是企业运行的核心与基础。资产根据其流动性分为流动资产和非流动资产。财务管理人员最主要的工作就是研究关于资金的一系列问题，如筹资、资金运转、撤资等，最终使得所筹集资本效益最大化，从而使企业价值最大化。

2. 财务管理与企业资本

资本与资产有着本质上的区别，产业资本主要囊括技术、资源等众多要素，企业资本的管理主要体现在资金运行的管理、投资风险的评估等众多方面。为了更好地运用资本对资本加以控制，必须优化调整企业的供、产、销等管理活动，并借助一些数量模型来进行各种定量分析。

3. 财务管理与企业外部环境

企业外部环境与整合企业的财务管理密切相关，二者相互影响、相辅相成。以国家财务管理为例，国际的整合金融体系的状况直接影响国家的财务决策，相反，国家的财务管理也会对企业的外部环境产生巨大的影响。这就需要在企业的需求与收益、成本与风险之间做出衡量，使股东财富最大化。

二、财务管理的目标

"在企业发展的进程中，企业的财务管理是一个非常重要的环节，它直接关系到公司的长远发展。"[①] 企业财务管理想要达到的预期目标，称之为财务管理目标，它是判定企业财务管理活动是否合理的一个重要原则。为了不断完善企业的财务管理理论，从而促进其对财务管理的指导作用，就要合理地制定财务管理目标。财务管理目标是对企业财务状况变化情况的真实反映，指引着企业财务管理理论的行动方向。

从实质上来讲，大部分企业的最终目标都是通过经营和生产活动获取更大的经济效益，使企业自身的水平得到提升。受不同企业不同管理体系和发展规划的影响，会产生不同的企业财务管理目标。

---

① 梁馨予. 税收筹划与现代企业财务管理工作研究 [J]. 中国产经，2023（20）：155.

（一）经济利润最大化

促进经济利润的最大化发展是企业财务管理的终极目标，而这个目标也将引导企业的财务管理活动行为。制定财务管理目标是一种长期的目标和战略，确定目标是为了指引企业的经济活动发展方向，高效合理地利用企业的内部资源，促进其资金的运转效率，促进企业经济利益最大化发展。企业创造的经济效益表现为利润，利润越高，企业的经济效益就越明显，就越靠近企业的整体目标。换言之，企业在固定时间内的经营收入与经营支出之间的数额差异就是利润额，在计算时应遵循收入费用配比原则，全面地反映出企业的投入与产出之间的关系。

企业的利润直接关系到股东权益。股东对企业净资产的所有权就是股东权益，包括股本、资本公积金、盈余公积金和未分配利润四个方面。其中，股本是指投资方投入企业的全部资金，在不增发的前提下，股本不会增加；资本公积金则是由资产重估增值、股本溢价等形成的；企业的经济效益不是由企业目前的经营状况所决定的，它主要表现在盈余公积金和未分配利润两个方面，而这两个方面容易受到利润的影响。

如今，我国在大多数情况下仍然以利润的多少来评价企业的经营状况。例如，企业为了扩大股份而增加投资数额时，要对企业最近三年的盈利状况进行充分的调查；在对企业经理等员工的工作成绩进行评价时，一般会将利润作为核心指标。

（二）股东财富最大化

通过有效地运用资金，为股东争取最大的经济效益，就是股东财富最大化。在股份制企业内，股东的资产由两个方面决定，分别是股票的价格和股东持有的股票数目。在股票数目固定的情况下，当股票价格的涨幅达到最高时，就可以实现股东财富最大化。因此，股东财富最大化就是股票价格最高化。在做出有效资本市场假说的前提下，可以认为股票价格是衡量股东财富的最佳指标。

从理论上说，股东财富可以表现为在未来获得的净现金流量，而股票价值就属于净现金流量。股票价值的主要影响因素有两个：①企业在未来获得现金流量的能力；②现金流入的时间和风险。

由此可见，与利润最大化相比，以股东财富最大化为目标具有的优势主要包括：①股东财富最大化同时考虑了现金流量的风险和获得回报的时间，因为股票价格会受到这两个因素的制约；②可以从一定程度上改善企业为获取更多的利润而做出的短期行为，因为企业未来获得现金流量的水平决定了股票的价格；③可以反映资本与收益之间的联系，因为企业投入资本的市场价格会通过股票的价格来体现。

通过投资工具模型可以基本了解企业的相关情况。投资者股东，即委托人，主要通过金融市场或金融中介向企业提供资金，委托经营者管理企业。企业的经营者是代理人，负责利用股东提供的资金进行投资，与外界（包括市场、竞争对手、政府等）进行货币和实物资产交换，并将获得的利润分配给投资者。此外，经济市场和外部因素会对企业的筹资策略与股利策略产生制约，而这些策略影响着企业的经营规模、资金和利润的增长，还会对企业未来的现金流量产生一定的作用，影响股票的市场价格。因此，企业要在考虑多方因素的前提下制定相关的财务策略，以达到股东财富最大化的目的。

对于已经上市的企业而言，股东财富是一个便于获取的指标。对于未上市的企业而言，其价值就是企业在市场上的售价，或者是投资者转让自己的出资后所获得的现金。然而，对于一个处于正常经营状态的企业而言，其价值很难用这种整体出售的价格来衡量。因此，从实际出发，可以通过产值估算或者参照企业将来的现金流量来衡量企业的价值。

（三）利益主体利益最大化

企业股东是主要的企业利益相关者，在企业运营活动中获取经济收益也是股东进行投资的主要目的，在这个投资过程中，必然会产生风险，这便是财务风险，所以股东会进行风险分析以后再进行决策，为了尽可能地降低预期外风险的发生，企业往往会制定相应的财务管理目标。除了股东，还有像投资方、债权人、企业管理者、政府、群众等的相关利益，财务管理目标最终是为了确保利益相关者的利益获取。

财务管理目标是为了实现各相关利益主体的利益最大化，就必须能够衡量利益相关人员的利益。

衡量投资方的利益的途径有净资产利润率、净资产保值增值率、每股净资产、每股股利、每股收益、每股市价。当这六个指标达到最高值时，就实现了投资方利益最大化。

衡量债权人的利益可以通过财务杠杆率、流动比例、资产负债率、速动比例、利息保障率、现金比例和债务到期偿还率七个指标进行衡量。当这七个指标实现最大化时，就实现了债权人利益最大化。

企业管理者的利益可以通过工资在企业经营效益中所占的比例、工资在企业经营成本中所占的比例、工资涨幅与企业经营效益涨幅之比、工资涨幅与企业经营成本涨幅之比、工资涨幅与企业增加值涨幅之比、工资涨幅与劳动生产效率涨幅之比进行衡量。当以上指标达到最高值时，就实现了企业管理者利益最大化。

政府的利益可以通过六个指标来衡量，分别是税费违规率、税费完成率、社会贡献率、社会积累率、政府投资完成率与社会保障完成率。当税费违规率达到最低、其余几个指标达到最高值时，就实现了政府利益最大化。

群众的利益可以通过维护客户的权益、保护环境、售后服务、劳动督查、劳动保护、安全生产、技术督查七个指标进行衡量。群众利益最大化，即在符合相关法律法规的前提下实现这七个指标的最大化，进而缩减群众利益的损失。

综上所述，企业财务管理的最高目标，即实现各方利益最大化。唯有将企业财务管理的最高目标设置为各方利益最大化，在财务管理活动中考虑、调和、衡量多方利益，使投资方、债权人、企业管理者、政府与群众同时从企业的经营活动中获利，方可使企业保持长期、稳定的发展。共同富裕是中国特色社会主义的根本原则。投资方、债权人、企业管理者、政府与群众是一个企业的利益主体，将利益主体的利益最大化作为企业财务管理的最高目标，从本质上体现了中国特色社会主义的基本要求。由此可见，债权人、投资方、企业管理者、政府与群众的利益最大化与资本主义体制下的股东财富最大化存在本质上的差异。

第二节　财务管理的组织与职能

一、财务管理的组织

（一）企业财务管理体制的原则

"财务管理是对企业财务活动的制度性安排，能够通过财务工具实现对企业投资、融资和运营活动的详细规划与安排。"[①] 要做好财务管理工作，必须建立和完善企业财务管理体制。在建立社会主义市场经济机制的同时，要使企业适应市场要求，成为独立享有民事权利和承担民事义务的企业法人。企业财务管理体制的建立要遵循以下原则：

第一，统一政策法规、制度与分级管理。按照现代企业管理体制的框架，在财务管理上，企业既能公平竞争，正常发展，又能不偏离国家的政策导向。国家对国有经济为主体的所有制企业的财务活动，制定了统一的政策、法规和制度，包括财政税收，国有资产管理的法律、法规，各种财务、会计制度等。对国家统一制定的政策、法规和主要制度，企

---

① 文冬梅. 企业财务管理存在的问题及其对策探索 [J]. 老字号品牌营销，2023 (18)：134.

业财务人员必须严格遵守和执行，如有违反，将承担经济和法律责任。

第二，企业财务的自主权与财务责任、经济利益息息相关。财务自主权是企业财务管理体系的关键。国家在宏观政策上给予企业一定的权利，同时也规定了相应的财务责任，企业财务管理人员都必须全面履行。企业管理在拥有权利、承担责任的同时，也享有相应的经济利益。在国家给予企业的各项自主权中，每项都规定了相应的经济利益。这样，既重视企业财务自主权，又将财务责任和经济利益密切联系在一起，把权、责、利三者结合起来，使财务管理体制适应企业生产发展的需要，充分发挥财务管理的作用，使国家、企业、职工利益得以兼顾。

第三，企业财务管理体制必须与财政、税收和信贷等管理体制相适应。企业财务管理体制同政府管理部门、各系统有紧密联系。这些部门有财政、税务、信贷、价格、劳动、计划等，其中财政、税收管理部门尤为重要。企业财务管理体制，必须与之相适应。企业财务管理体制同政府各部门管理体制相适应，可以使企业财务更好地同政府各部门建立新型的财务关系，使企业财务更好地发挥作用。

（二）企业财务管理机构的形式

财务管理机构是企业组织财务活动的主要条件，企业财务管理机构的设置与企业规模大小、社会经济发展水平、经济管理体制有密切的联系。目前，我国企业财务管理机构的形式主要有以下类型：

1. 财务和会计管理机构合并

传统财务管理体制形式是将财务和会计管理两个机构合并在一起。企业一般设一个财会科室，由总会计师或主管经济的副厂长来领导财务和会计两方面的管理工作。

2. 财务与会计分别设置管理机构

企业财务部门担负着筹集资金，运用资金，分配盈利，对外投资及预测、决策、计划、控制、分析的主要任务。

在市场经济条件下，需要把财务机构同会计机构分开设置。财务与会计分别设置管理机构，有利于财务会计责任划分，各自发挥作用。保证财务工作和会计工作适应市场经济的需要。

二、财务管理的职能

财务管理的职能是指其职责和功能。财务管理的基本职能是财务决策。复杂多变的市场需求和企业环境，要求企业能够针对种种不确定的经济因素，及时做出科学有效的决策。财务管理不仅要对企业涉及全局性的重大事项提出决策，以制定与企业目标相一致的财务管理目标，而且对各种具体目标做出决策。因此，企业财务主管人员的主要精力，要放在财务决策上。财务决策，是企业现代财务管理工作发展中的基础职能。以此为前提，企业财务管理有以下职能：

（一）财务预测

财务预测是指紧密贴合实际情况、任务要求和现实条件，充分依托财务活动流转中形成的数据资料，进而对企业发展时的财务活动、财务流转、财务收益进行合理、科学的预估和测算。财务预测职能的发挥，取决于财务活动历史资料的可靠程度和有关影响企业经济环境的各种信息的质量和数量，以及预测方法的正确选择和运用。

（二）财务计划

财务计划是财务管理人员对未来期的财务活动进行规划和安排，是在财务预测的基础上，对企业经营目标和财务目标的系统化和具体化，是财务监督控制和财务分析的主要依据。财务计划职能的发挥，取决于财务计划的积极与务实程度，以及财务收支的平衡程度。

（三）财务监督与控制

财务监督与控制是按照财务计划目标和确定的标准，对企业财务活动进行监督、检查和调节，将财务活动的实际成果与财务计划目标相对照，发现差异，找出原因，采取措施，纠正计划执行中的偏差，以确保财务计划目标的实现。财务监督与控制职能，应贯穿企业财务活动的全过程。

（四）财务分析

财务分析是以核算资料为主要依据，对企业财务状况和财务成果在调查研究的基础上进行评价，分析影响计划执行的因素，挖掘企业潜力，对企业未来前景提出建议。财务分析职能的充分发挥，可以对企业财务状况及财务成果做出准确的判断，从而提高财务决策的正确性。

第三节　财务管理的原则与环境

一、财务管理的原则

财务管理原则也称理财原则，是进行企业财务管理所应遵循的指导性的理念或标准，是人们对财务活动共同的、理性的认识，是联系理论与实务的纽带，是为实践所证明了的并且为多数理财人员所接受的理财行为准则，是财务理论和财务决策的基础。

（一）比例原则

财务管理除了对绝对量进行规划和控制外，还必须通过各因素之间的比例关系来发现管理中存在的问题，采取相应的措施，使有关比例趋于合理，这便是财务管理的比例原则。比例原则是财务管理的一项重要原则，在财务管理实践中，财务分析中的比例分析、企业筹资中的资本结构决策、企业投资中的投资组合决策都必须贯彻这一原则。

（二）平衡原则

在财务管理中，要力求使资金的收支在数量上和时间上达到动态的协调平衡，这就是财务管理的平衡原则。资金收支动态的平衡公式为：预计现金余额＝目前现金余额＋预计现金收入－预计现金支出。如果预计的现金余额低于理想的现金余额，则应积极筹措资金，以弥补现金的不足；如果预计的现金余额大于理想的现金余额，应积极组织还款或进行投资，以保持资金收支上的动态平衡，实现收支相抵，略有结余。

平衡原则也是财务管理的一项基本原则，财务管理的过程就是追求平衡的过程。在财务管理实践中，现金的收支计划、企业证券投资决策、企业筹资数量决策，都必须在这一原则指导下进行。

（三）优化原则

财务管理过程是一个不断进行分析、比较和选择，以实现最优的过程，这就是财务管理的优化原则。在财务管理中贯彻优化原则，主要包括：①多方案的最优选择问题；②最优总量的确定问题；③最优比例关系的确定问题。优化原则是财务管理的重要原则，财务管理的过程就是优化过程。

（四）系统原则

财务管理从资金筹集开始，到资金收回为止，经历了资金筹集、资金投放、资金收回与资金分配等阶段，这些阶段互相联系、互相作用，组成一个整体，具有系统的性质。为此，做好财务管理工作，必须从财务管理系统的内部和外部联系出发，从各组成部分的协调和统一出发，这就是财务管理的系统原则。在财务管理中应用系统原则，中心是在管理中体现系统的基本特征。

第一，系统具有整体性。只有整体最优的系统才是最优系统，各财务管理系统必须围绕整个企业理财目标进行。

第二，系统具有层次性。在企业资源配置方面，应注意结构比例优化，从而保证整体优化。

第三，系统具有环境适应性。在理财环境中必须保持适当的弹性，以适应环境的变化。

系统原则是财务管理的一项基本原则，在财务管理实践中，分级分口管理、目标利润管理、投资项目的可行性分析都是根据这一原则来进行的。

二、财务管理的环境

（一）经济环境

经济环境是指影响那些对企业财务活动的各种经济因素，主要包括以下因素：

1. 通货膨胀

通货膨胀是指流通中的货币供应量超过商品流通所需量而引起价格普遍和持续上升的一种经济现象。通货膨胀会引起价格不断上升，货币贬值，严重影响企业经济活动，为解决成本上升、商品滞销、企业资金周转困难、成本补偿不足、虚盈实亏、企业资金流失等，企业必须采用积极主动的措施来减少通货膨胀所造成的负面影响，如使用套期保值、签订长期合同等办法。

2. 经济发展水平

经济发展水平制约并决定着财务管理水平的高低，经济越发达，财务管理水平也越高。在不同经济发展水平下，财务管理的内涵和要求也有较大差异。随着我国经济的高速发展，企业财务管理水平日益提高，财务管理内容也更加丰富，方法也更加多样化。因此，企业财务管理工作者必须积极探索与经济发展水平相适应的财务管理模式。

3. 经济周期市场

经济总是在周期性波动中运行，并依次经历萧条、复苏、繁荣和衰退四个不同阶段，这就是经济周期。而在不同阶段企业理财的方法、原则、具体措施等都会有很大差异。例如，在繁荣阶段企业一般会增加投资、扩大生产，而在萧条时期通常会收缩投资、加速资金回笼。

4. 政府的经济政策

建立社会主义市场经济体制以更好地解放和促进生产力发展是我国进行经济体制改革的主要目标。在这一总的原则下，国内的财税体制、外汇体制、外贸体制、计划体制、投资体制等都得以良好的发展和改善。这些措施的改革，也对国内的经济生活产生了深远的影响，同时也确保了国内企业财务活动的顺利开展。经济政策对企业财务管理的影响是非常大的，这就要求企业财务管理人员必须把握经济政策，更好地为企业的财务管理活动服务。

（二）技术环境

为实现财务管理目标而采用的技术手段称为财务管理的技术环境，它直接影响财务管理的效果和效率。

从企业内部的角度来看，会计信息主要是为管理层服务的；从企业外部的角度来说，会计信息主要是为企业的投资者和债权人服务的。会计信息化工作的主要目标是打造一个具有高素质会计信息化的人才队伍，促进企业会计信息化和经济管理信息化的统一和融合，促进企业管理水平和风险防范能力的提升，实现资源的共建和共享，让会计信息发挥更大的作用和价值。同时也要促进会计师事务所对企业财务报告和内部控制审计的信息化发展，确保审计工作的高效高质；促进政府会计管理和会计监督的信息化发展，以确保会计管理水平和监管效能的提升。会计信息化工作的全面推进，有利于国家会计信息化和世界的接轨。而且随着国内会计信息化的发展和推进，将有利于国内企业财务管理技术环境的改进和完善。

（三）金融环境

企业的经营活动和投资活动都离不开资金的支撑，资金一般来源于两个方面，即企业的自由资金和融资资金。企业的筹资、投资及资金运营活动都会受到国家金融政策变化的影响。因此，企业最重要的生存环境就来自金融环境。

1. 金融工具

金融工具是能够证明债权关系或所有权关系，并据以进行货币资金交易的合法凭证，它对于交易双方所应承担的义务与享有的权利均具有法律效力。

2. 金融机构

金融机构包括银行金融机构和其他金融机构。

（1）银行金融机构主要包括各种商业银行和政策性银行。商业银行，包括国有四大商业银行和其他商业银行；国家政策性银行主要包括中国进出口银行、国家开发银行等。

（2）其他金融机构包括金融资产管理公司、信托投资公司、财务公司和金融租赁公司等。

3. 金融市场

金融市场是指资金供应者和资金需求者双方通过金融工具进行交易的场所。从企业财务管理的角度来看，金融市场作为资金融通的场所，是企业向社会筹集资金必不可少的条件。财务管理人员必须熟悉金融市场的各种类型和管理规则，有效地利用金融市场来组织资金的筹措和进行资本投资等活动。

第四节　财务管理基本价值观念

价值管理是现代财务管理价值观念的主要内容，在财务管理活动中占据着重要地位，它集价值观念、管理哲学于一体，同时它也体现出了财务人员对财务管理活动的态度和处理方式。为了有效地组织财务管理工作，实现财务管理的目标，企业财务管理人员必须树立基本的财务管理观念，都必须考虑资金时间价值和投资风险价值问题。

一、资金时间价值

"货币时间价值是资金在周转使用中由于时间因素而形成的差额价值。"① 资金时间价值也称为货币时间价值，资金是企业不可或缺的一个重要因素，它通过一段时间能够产生新的价值，这一价值便是资金的时间价值。同样的资金，经过的时间不同，会产生不同的

---

① 曹雪梅. 企业财务管理中应树立的理财观念 [J]. 财会通讯，2003（12）：69.

价值，企业最重要的财富就是资金，它会随着企业的发展而不断增值。获得更多的企业价值和更多的资金增加也是企业存在的意义。货币时间价值是指资金在时间的发展中所产生的变动价值。货币时间价值是由工人的劳动所创造的，这也是货币时间价值内涵的体现，虽然货币看似是通过时间发展而产生的，但是事实上，它是由于工人的劳动而产生的，其中包括了两个组成部分：①工人的工资；②资本家获得超额利润。

资金在企业经营活动中并非静止不动的，而是随时处于周转中，企业并不会保存大量的现金。因为只有将资金投入生产中才能产生更大的价值，这也是常见的资金流动方式。此外，企业还可以通过银行等机构进行资金的借入，并向借款机构支付一定的利息，企业只要确保资金运作效率，即资本报酬率高于借入成本的利息率，才能为企业发展提供条件，目前很多企业都是采用了这一经营方式。企业对自有资金因素影响也要予以考虑，它可以为企业带来利息收入，这一部分也是企业机会成本的组成，是另一种形式的货币时间价值。

资金不会自动随时间变化而增值，而且还可能随着通货膨胀贬值，只有将资金进行投资，才能通过时间获得收益，也是货币所有者让渡其使用权而参与社会财富分配的一种形式。资金时间价值来源于资金进入社会再生产过程后的价值增值。从本质上来说，它是由于资金周转而产生的一种利润或资金增值。企业可以将筹集的资金用于劳动资料和劳动对象的构建，并通过劳动者的劳动付出，从而创造价值或实现价值的转移和增值。

相同的资金在不同的时点上，其价值是不同的，资金时间价值可以被看成是资金的使用成本。由于社会资源具有稀缺性特征，并可以产生更多的社会产品，因此现在物品的效用往往比未来物品的效用更高。从经济学角度而言，现在的货币可以满足商品的支配，从而满足人们的现实需要，将来的货币只能对将来的商品进行支配。

资金的时间价值表现形式包括两种：①相对数；②绝对数，它也称为时间价值额，是指资金在周转过程中所产生的价值增长数，是定额的资金乘以时间价值链而得出的，也是使用货币资本的机会成本，衡量资金时间价值的大小通常是用利息，其实质内容是社会资金的平均利润。资金时间价值是时间的函数，随时间的推移而发生价值的变化。相对数即时间价值率，一般用无风险的投资收益率来代替。实际上，投资报酬率包括了国库券利率、银行存款利率、银行贷款利率、债券利率等，但是它们和时间价值率有所不同，只有在不考虑风险和通货膨胀的影响时，才可以将其看成是时间价值率。货币的时间价值是公司资金利润率的最低限度。

二、财务风险价值

(一) 财务风险的基本认知

1. 风险认识和财务风险

(1) 风险认识。风险指预期结果的不确定性。风险通常指可能遇到危险或损失、失败。但事实上，风险存在两种可能：①带来预期损失；②带来预期收益，因此风险的不确定性也表现在不仅是指损失的不确定性，还包括收益的不确定性，这就是广义上的风险概念。从风险防范的角度来讲，应将重点放在狭义的风险上，即高度重视损失的不确定性。但从风险防范的层面上分析，应当给予损失和收益的不确定性同等的重视。

在明确风险含义的基础上，现将风险的特征归纳为以下方面：

第一，客观性。风险的存在与发生不以人们的意志为转移（尤其是自然灾害所引发的风险）。风险的存在独立于人们的主观意识之外。

第二，不确定性。不确定性是风险最本质的特征，受客观条件变化的影响，加上人们不能充分地认识和分析未来环境，所以这也是结果具有不确定性的主要原因。

第三，可控性。虽然风险具有不确定性和偶然性，但大量风险事件的发生具有必然性，并呈现出一定的规律性与可测性。因此，风险的发生可用概率等方法加以测度，并可对其进行有意识的控制。

第四，两面性。风险不仅是指损失的不确定性，而且还包括收益的不确定性。认识风险的两面性，有利于人们在实际工作中树立正确的风险意识，不仅要尽力避免风险损失，也要努力创造风险收益。

第五，动态可变性。随着对风险产生和发展规律的逐步掌握，人们预测和控制风险的能力大大提升，人们通过采取一些措施，在一定条件下，转化、消除或减少风险发生的损失。虽然风险可以转换，但是在不同阶段，新的风险仍然在不断产生。

(2) 财务风险。财务风险是指企业面临的内外部环境是变化的，具有很多不确定因素，所以这也是造成企业损失可能性的最大原因。

财务风险从广义上来说包括了影响企业实际收入和预期收入之间产生差距的所有风险。具体来说分为两大类：①可以数据化的风险因素；②不可数据化的风险因素。财务风险的广义定义更符合其实际情况，它不仅考虑到了资金风险，也涉及了运营中所产生的任何风险。企业的财务管理和外部政策、市场环境和企业内部控制机制之间都有着密切的联系，所以企业管理层应该从广义的角度来看待企业的财务风险，如此才能更好地做好应对措施。

财务风险从狭义上来说是一种融资风险，是指企业无法在规定时间内偿还借款所产生的本金和利息而造成的经营风险。该观点认为，金融风险和债务融资有着直接关系，企业的财务风险是由企业的负债所产生的。企业为了扩大生产规模，就不得不进行外部融资，其目的是促进企业利润水平的提升，平衡企业财务杠杆能力。

财务风险并非只涉及财务活动，它同时也会产生于企业的筹资阶段、投资环节及营运阶段，因此从广义的角度来理解财务风险更为恰当。

2. 财务风险的类型划分

（1）筹资风险。筹资风险是指企业因生产经营及企业战略需要等，而选择外部借款，由于无法确认外部借入资金能够妥善利用，产生预期利润而导致借款无法到期支付的一种风险。物流行业的筹资风险是由其物流市场的变化而产生的。企业的经营运作离不开资金，所以筹资的好坏直接影响企业的发展和壮大。

资金筹集方式主要包括两种形式：①股权筹资，这种方式对企业控制权进行了分散，其优势在于没有定期还款的要求，具备较小的财务风险；②债务筹资，即通过银行借款或融资租赁方式实现筹资。企业良好的信誉是进行股权投资的前提条件，投资者看好企业的未来发展而选择投资。债务筹资也需要企业确保可以让资金取得收益，否则将会加剧企业的财务风险。

（2）投资风险。投资风险是指企业在进行对外投资和对内投资的过程中，受各种不确定因素的影响，企业的未来投资收益也具有不确定性，会造成企业无法获取预期收益甚至散失本金。

根据投资的最终目标，可以将投资活动分为战略性投资和维持性投资两种主要方式。战略性投资是根据企业的全局和长期发展目的来制定的，主要包括对更新换代产品投资和调整经营方向等方式；维持性投资主要是对当前的业务进行维护，像对企业设备进行升级等。可行性分析和资源的合理配置是企业投资活动之前的准备工作，是必不可少的。

（3）营运风险。营运风险是指因企业资金周转效率低下等原因，造成企业管理上产生的一些不确定因素，从而影响到企业的财务状况，使得企业无法正常运行，导致企业经济遭受损失的一种风险。

企业增加存货量、无法及时收回货款或提前付款等都会导致企业的资金流受到影响，从而产生营运风险。经营生产过程中，资金周转也有各种不确定因素，企业应该及时地疏导和调整财务运营，促进各个部门的政策稳定运营，兼顾好企业的目前利益和长远规划的关系，如此才能确保企业获得更高的利润。

3. 财务风险的识别方法

财务风险评价和控制的首要工作就是识别财务风险，这需要对企业所处的外部环境和内部环境进行分析，有效地把握企业经营中存在的各种因素，对可能产生的不利影响进行防控。识别财务风险可以采用以下方法：

（1）定量分析方法。定量分析方法主要由两种方式组成：①报表分析法，是在企业归纳和分析财务报表及相关信息的基础上对报表摘要进行概括，从而深入了解企业财务风险的一种方法；②财务报表分析法，是指企业计算和比较财务报表的各种财务指标信息，并对企业经营数据走势和变化进行真实地反映，从而有效地控制财务风险。

（2）定性分析方法。定性分析方法主要由两种方式组成：①专家评议分析法；②头脑风暴法。这两种方法都是在归纳和集中各种观点，对专家经验和知识进行利用，整体进行思考，从而得出科学合理的结论。这两种方法最主要的区别在于：头脑风暴法能够将专家们的主观能动性和创新性进行合理利用，但是专家评议法则更关注整理和综合各位专家的意见。

4. 财务风险的评价方法

财务风险评价是在各种因素影响下发现真相，对财务风险进行精准识别，并对可以证实企业风险情况的财务比例进行选择，采用合适的财务评价方法对企业的财务风险水平进行识别。财务风险的评价方法如下：

（1）定性评价方法。定性评价方法是基于管理层的经验来对财务风险领域进行判断和分析，能够全方位地对风险进行考虑，不过这种方法也在很大程度上受主观因素的制约，具有较大的评价结果弹性。因此，不能仅依靠经验和判断来评价企业财务风险，更需要采用量化的工具和方法予以辅助，从而确保评价的科学性、准确性和有效性。

（2）定量评价方法。定量评价方法是基于财务数据上进行量化指标的确定，并采用数量分析方法对财务风险的数值和评分进行反映，从而客观地对评价对象进行价值判断。

（二）财务管理的风险价值界定

财务学、投资学和金融学都非常重视对风险的研究，各个学者对风险的认识也有着较大的差异。普遍认为风险是一种不确定的因素，它对企业的影响可能是正面的，也可能是负面的。所以说，人们认识的风险是各有不同的，从企业的角度来说，风险的存在有利有弊，只要准确把握好风险因素，对其投资机会进行客观地分析，抓住风险带来的机会，才能有利于企业的可持续发展。较高的投资风险可以带来较好的投资收益，从博弈论的角度来说，只有对风险进行准确评估，才能获得较高收益，而不是所有的人都能够获得的。企业的经营活动和风险是同时存在的，风险对于企业来说，既是一种挑战，又是一种机遇，这便是风险价值。

（三）财务管理中风险价值的意义

风险价值是指在一定的置信水平下，金融资产和证券组合可能在未来时间内形成一定的损失，它可以对投资风险进行量化，风险防范、风险预测和绩效评价都是依次进行的。从企业财务管理的角度来说，风险价值量化工具的引入具有以下意义：

1. 化解财务危机

企业在财务管理中必然会遇到各种财务风险，根据财务风险的形成原因不同，可以将其分为两类：①外在因素，包括市场经济环境、政策环境和行业特征；②内在因素，包括企业投资决策、制度执行以及经营管理等因素。

2. 强化财务风险分析

传统的风险管理往往没有量化的风险衡量方法，所以不能对企业所面临风险的大小进行准确地表达，也不能对内外风险因素所产生的影响大小进行全面的分析和考量。风险价值指标则包括了传统财务评价指标和市场风险评价指标两类，能够对资产投资组合发生的风险概率进行量化分析，从而促进企业风险管理的精细化发展。当然，采用风险价值来评价风险情况，有利于企业对风险成因、预测风险危害和预测未来财务状况进行分析。

第二章 企业财务筹资管理

第一节 企业筹资与资本成本

一、企业筹资

"资金是企业开展生产和经营活动的先决条件，因此，如何制定科学合理的筹资策略，对企业的发展具有重大的现实意义。"[①] 筹资是指企业根据生产经营、对外投资及调整资金结构的需要，通过一定的渠道，采取适当的方式，获取所需资金的一种行为。筹集资金是企业资金运动的起点，是决定资金运动规模和生产经营发展程度的重要环节，是财务管理的一项重要内容。

（一）筹资的渠道与方式

1. 筹资的主要渠道

筹资渠道是指筹措资金的来源与通道，体现资金的来源与供应量。认识和了解各筹资渠道及其特点，有助于企业充分拓宽和正确利用筹资渠道。我国的筹资渠道主要有以下类型：

（1）政府财政资金。政府财政资金包括中央政府财政资金及地方政府财政资金，其具有广阔的源泉和稳固的基础。政府财政资金是国有企业最主要的资金渠道，我国现有的国有股份制企业大都是由原有的国有企业改制而成的，其股份总额中的国家股就是国家以各种方式向原国有企业投入的资本。此类资金政策性很强，随着我国经济改革的深入，除了某些关系国计民生的大型重点企业和骨干企业外，政府财政资金在企业自有资金中的比例

[①] 谯颖. 试论企业财务管理中的筹资策略 [J]. 中小企业管理与科技，2023（08）：167.

在逐步减少。

（2）银行信贷资金。我国的银行包括中央银行、商业银行和政策性银行三类。

第一，人民银行是我国的中央银行，国家赋予其制定和执行货币政策，对国民经济进行宏观调控，拥有对其他金融机构乃至金融业进行监督管理权限，地位非常特殊。中央银行不向企业提供贷款，能向企业提供贷款的银行是商业银行和政策性银行。

第二，商业银行是以营利为主要目标的信用机构，包括国有商业银行、股份制商业银行和合作银行。除了自有资本以外，其资金主要来源于居民储蓄、单位存款。商业银行资金实力雄厚，可以向各类企业提供各种商业性贷款，是各类企业筹资的重要来源。

第三，政策性银行是指由政府发起、出资成立，为贯彻和配合政府特定经济政策和意图而进行融资和信用活动的机构。政策性银行不以营利为目的，为那些商业银行不愿承担的社会急需、社会效益好，但经济效益不高的项目提供资金支持。

（3）非银行金融资金。非银行金融机构是指除银行以外的各种金融机构及金融中介机构。在我国，非银行金融机构主要有保险公司、租赁公司、信托公司、证券公司、企业集团的财务公司以及小额贷款公司等。它们有的集聚社会资本，融资融物；有的承销证券，提供信托服务。目前，这些机构在中国正在快速地发展。

2. 筹资的主要方式

筹资方式是企业筹集资金所采取的具体形式。筹资渠道体现的是取得资金的客观可能性。企业所能采用的筹资方式取决于企业的组织形式、规模、信誉度、担保能力和经营能力。我国企业筹资方式主要有以下类型：

（1）吸收直接投资。吸收直接投资又称为投入资本筹资，是企业以协议形式取得政府、法人、自然人等直接投入的资金形成企业实收资本的一种筹资方式。吸收直接投资不以股票为媒介，适用于非股份制企业，筹集的资金量可大可小，可供企业长期使用。

（2）发行股票。发行股票是企业以股票为媒介，通过金融市场向资金所有者直接筹资的一种有效方式，形成企业的股本。发行股票适用于股份制企业，发行前期需要较长的时间进行准备，筹集的资金量较大，可供企业长期使用。

（3）留存收益。留存收益筹资是指企业将留用利润转化为投资的过程，将企业生产经营所实现的净利润留在企业，而不作为股利分配给股东，其实质为原股东对企业追加投资，形成企业的实收资本或股本，可供企业长期使用。

（4）发行债券。发行债券是企业以债券为媒介，通过金融市场向资金所有者直接筹资的一种有效方式，形成企业的债务，具有到期按约定偿本付息的义务。发行债券适用于信誉好的大企业。发行债券前期也需要较长的时间进行准备，筹集的资金量较大，一般在企业需要长期资金时才会使用。

（二）筹资的分类与原则

1. 筹资的类型划分

企业通过各种筹资渠道和筹资方式所筹集的资金，由于属性、期限、来源的不同形成不同的类型。具体分类如下：

（1）按资金使用时间的长短分类。按资金使用时间的长短，将企业筹集的资金分为短期资金和长期资金。

第一，短期资金是指供 1 年或 1 个营业周期以内使用的资金。短期资金主要投资于现金、应收账款、存货等，一般在短期内可收回。短期资金可通过短期借款、发行短期融资券、经营租赁及商业信用方式筹集。

第二，长期资金是指供 1 年或 1 个营业周期以上使用的资金。长期资金主要投资于新产品的开发和推广、固定资产的投资和更新，一般需要几年甚至更长时间才能收回。长期资金可通过吸收直接投资、发行股票、留存收益、发行债券、长期借款及融资租赁等方式筹集。

（2）按资金性质分类。按资金性质不同，将企业筹集的资金分为股权资金和债务资金及混合性资金。

第一，股权资金又称为自有资金，是企业依法取得并长期拥有、自主调配运用的资金。股权资金由企业成立时，各种投资者投入的资金以及企业在生产经营过程中形成的资本公积、盈余公积和未分配利润组成。股权资金可采用吸收直接投资、发行股票及留存收益等方式筹集；筹资渠道可以是国家，也可以是法人或个人，还可以是外商。此时的投资者被称为企业所有者。股权资金的所有权归属企业的所有者。企业所有者依法凭其所有权参与企业的经营管理和利润分配，并对企业的债务承担有限或无限责任。企业对股权资金依法享有经营权。在企业存续期间，企业所有者除了依法转让其所有权外，不得以任何方式抽回其投入的资金，因此被视为企业的"永久性资本"。对筹资者来说，股权资金不需偿还，财务风险较小，但付出的资金成本相对较高；对投资者（企业所有者）来说，因本金得不到偿还，只能通过盈利分红或资产增值后转让才可收回投资，财务风险较大。

第二，债务资金又称为借入资金，是企业依法取得并依约运用、按期偿还的资金。债务资金可采用借款、发行债券、发行商业票据、利用商业信用和租赁等方式取得；筹资渠道可以是银行，也可以是非银行金融机构，还可以是其他法人、个人及外商。此时的投资者被称为债权人。企业的债权人有权按期索取本息，但无权参与企业的经营管理和利润分配，对企业的其他债务不承担责任。企业对持有的债务资本在约定的期限内享有经营权，并承担按期还本付息的义务。对筹资者来说，债务资金到期需要还本付息，当资金紧张时，财务风险较大，但付出的资金成本相对较低；对投资者（债权人）来说，即使企业亏损，只要企业没到资不抵债的程度，其都可收回本息，财务风险较小。

第三，股权资金与债务资金是资金的两种基本形式。同一项目，对于投资者来说，股权资金的风险大、收益高，债务资金的风险低、收益低。比较激进的投资者喜欢选择股权资金，比较保守的投资者喜欢选择债务资金。但还有一些介于激进与保守之间的投资者，他们不愿意承担像激进者那样的风险，但又嫌保守者的投资方式过于胆小，收益太低。这些投资者寻求风险与收益介于股权资金与债务资金两者之间的一种投资。随着不断的金融创新，混合性资金应运而生。混合性资金是指既具有某些股权性资金的特征又具有某些债权性资金的特征的资金形式。企业常见的混合性资金包括优先股、可转换债券和认股权证。

（3）按资金来源的范围分类。按资金来源的范围不同，筹资可分为内部筹资和外部筹资两类。

第一，内部筹资是指在企业内部通过留用利润而形成的资金来源。内部筹资是在企业内部自然形成的，因而被称为"自动化的资本来源"，一般无须花费筹资费用，筹资金额的多少通常取决于企业可分配利润的规模和利润分配政策。

第二，外部筹资是指企业在内部筹资不能满足需要时，向企业外部筹集资金而形成的资金来源。外部筹资方式包括吸收直接投资、发行股票、发行债券、借款、租赁、发行融资券、商业信用等。企业的外部筹资或多或少均要花费一定的筹资费用。

2. 筹资的基本原则

（1）合法性原则。企业的筹资活动影响社会资本及资源的流向和流量，涉及相关主体的经济权益。因此，必须遵守国家有关法律法规，依法履行约定的责任，维护有关各方的合法权益。

（2）效益性原则。筹集和使用资金必须支付对价，对价也是资金成本。企业筹集资金的渠道、方式多种多样，通过不同筹资渠道和方式取得的资金成本和风险程度各不相同。因此，在选择资金来源和筹资方式时，应根据资金需要量研究各种资金来源的构成，综合考虑各种筹资渠道的资金成本和风险程度等方面因素，力争构建最优筹资组合以降低综合资金成本。

（3）及时性原则。企业投资一般都有投放时间上的要求。筹资时间必须与投资时间要求相配合。资金的及时供应取决于外部筹资环境和自身条件。如从证券市场上筹资一般要求较严，发行股票、债券手续繁杂，资金的供应及时性较低；而银行贷款等则相对容易些。又如，企业规模较大，财务及经营状况良好，也是比较容易获取资金的。

(三) 筹资决策的影响因素

1. 经济周期

经济运行通常呈现波浪形周期特征，大致分为经济复苏、经济繁荣、经济衰退和经济萧条四个阶段。在经济开始复苏并迈向繁荣时，经济增长使商品市场需求旺盛，企业盈利增加，为提高生产经营能力，企业纷纷扩大投资，从而增加对资金的需求。这将引起资金供求关系发生变化，市场利率上升，此时利用债务筹资的难度加大，筹资成本逐渐增加，但由于公众收入增加，对企业前景看好，引起股票价格上升，利用发行股票筹资的成本可能下降。当经济开始衰退进入萧条期时，企业对资金的需求下降，资金供求关系变化导致市场利率下降，企业利用债务资金的成本降低，利用股票筹资的难度可能加大。

2. 法律法规

为保障国家经济平稳运行，国家会制定一系列规范和制约企业筹资行为的有关法律法规，主要有《中华人民共和国公司法》《中华人民共和国合伙企业法》《中华人民共和国个人独资企业法》《中华人民共和国证券法》《中华人民共和国银行法》《中华人民共和国所得税法》等。这些法律法规主要规范了不同类型企业的筹资渠道、不同组织类型企业的筹资方式、企业筹集资金的条件三方面内容。法律法规并非一成不变，企业必须随时关注其变化，遵守相关法律法规进行筹资，以免造成非法集资而受到相应的惩处。

3. 国家经济政策

国家经济政策主要有货币政策、财政政策和产业政策。货币政策直接影响资金供给量和市场利率水平；货币政策变松，市场银根松动，社会持币量增加，市场利率下降，为企业的筹资提供有利机会；税收政策是一种重要的财政政策，国家的税收政策规定企业发行债券和银行借款所生的利息支出可以在所得税前的利润中扣除，而股权性质的资金所发生的股利支出只能用企业税后净利润支付。

4. 企业的经营现状

企业的经营现状一般从盈利能力、运营能力、资产的质量、发展潜力四方面进行分析，这些能力直接影响企业的收益和风险，进而影响企业的筹资能力。如果企业的资产质量良好、盈利能力强、偿债能力好，则该企业就比较容易筹到所需资金，且筹资成本也会较低。

二、资本成本

(一) 资本成本的种类及影响因素

1. 资本成本的类型划分

资本成本是指公司为筹集和使用资本而付出的代价，是企业选择资金来源、拟订筹资方案的重要依据。资本成本与货币的时间价值既有联系，又有区别：货币时间价值是资本成本的基础，除此之外，资本成本还包括给投资者的风险补偿。资本成本按其用途可分为以下形式：

(1) 个别资本成本。个别资本成本是指某种筹资方式的资本成本，如长期借款成本、普通股资本成本、债券资本成本等。一般在比较各种筹资方式时使用个别资本成本率作为依据。

(2) 综合资本成本。综合资本成本是多种筹资方式的个别资本成本的加权平均。在实际中，企业不可能只采用一种筹资方式，而是在不同的筹资环境下充分利用各种筹资手段。因此，在全面衡量一个企业的资本成本水平，确定合理的资本结构时通常采用综合资本成本为评价依据。

(3) 边际资本成本。边际资本成本是指新筹集资本的成本。企业一般无法以某一个固定的资本成本来筹集无限的资本，当其筹集的资本超过一定限度时，原来的资本成本就会增加。在企业追加融资时，原有的资本成本是决策无关成本，而应以边际资本成本作为决策依据。

2. 资本成本的影响因素

"财务部门是整个企业中的核心部门，在企业财务管理过程中实施成本控制，可以提高企业的整体财务管理水平。"[1]

(1) 总体经济环境。总体经济环境决定了整个经济中资本的供给和需求，以及预期通货膨胀的水平。总体经济环境变化的影响，反映在无风险报酬率上。如果整个社会经济中的资金需求和供给发生变动，或者通货膨胀水平发生变化，投资者也会相应改变其所要求的收益率。换言之，如果货币需求增加，而供给没有相应增加，投资人便会提高其投资收益率，企业的资本成本就会上升。如果预期通货膨胀水平上升，货币购买力下降，投资者也会提出更高的收益率来补偿预期的投资损失，导致企业资本成本上升。

---

① 杨巧志. 企业财务管理与成本控制问题及其应对策略 [J]. 老字号品牌营销，2023 (18)：140.

（2）证券市场条件。证券市场条件包括证券的市场流动难易程度和价格波动程度。如果某种证券的市场流动性不好，投资者想买进或卖出证券相对困难，变现风险加大，要求的收益率就会提高；或者虽然存在对某证券的需求，但其价格波动较大，投资的风险大，要求的收益率也会提高。

（3）企业内部的经营和融资条件。企业内部的经营和融资条件主要指经营风险和财务风险的大小。经营风险是企业投资决策的结果，表现在资产收益率的变动上；财务风险是企业筹资决策的结果，表现在普通股收益率的变动上。

（4）融资规模。融资规模是影响企业资本成本的重要因素。企业的融资规模大，资本成本较高。比如，企业发行的证券金额很大，资金筹集费和资金占用费都会上升，而且证券发行规模的增大还会降低其发行价格，由此也会增加企业的资本成本。

（二）长期个别资本成本的原理与内容

1. 个别资本成本计算的一般原理

个别资本成本从绝对量的构成来看包括筹资费用及用资费用两部分。筹资费用，指企业在筹集资本过程中为取得资金而发生的各项费用，如银行借款的手续费，发行股票、债券等证券的印刷费、评估费、公证费、宣传费及承销费等；用资费用，指在使用所筹资本的过程中向出资者支付的有关报酬，如银行借款和债券的利息、股票的股利等。资本成本既可以用绝对数表示，又可以用相对数表示，为了便于分析比较，一般用相对数来表示其大小。

2. 长期个别资本成本的内容

（1）长期借款资本成本。长期借款的资本成本包括借款利息和借款手续费。一方面，长期借款的筹资费用主要是借款手续费，长期借款的借款手续费相对于发行股票、发行债券来说要少得多，当其数额很小时，甚至可忽略不计；另一方面，由于长期借款的利息可以在所得税前扣除，产生所得税抵扣效应，其实际用资费用应为支付给投资者的借款利息扣除其相应可抵减的所得税。

（2）长期债券资本成本。长期债券用资费用是债券的利息；筹资费用包括申请发行债券的手续费、债券的注册费、印刷费、上市费及推销费等。债券的用资费用同长期借款的一样，其利息具有税收抵减效应，但筹资费用要比长期借款高得多，不可能忽略不计了。

（3）优先股资本成本。优先股的用资费用是优先股股利，大多数优先股采取定期支付固定股利的方式；筹资费用包括申请发行优先股的手续费、注册费、印刷费、上市费及推销费等。由于优先股股利无到期日，股利是从公司的税后利润中支付，不像债券、长期借款等债务资本，其利息不具有税收抵减效应；同时筹资费用与发行债券一样，要比长期借款高得多，不能忽略不计。

（4）普通股及留存收益资本成本。普通股股利不固定，所以普通股股利一般是变量，其资本成本较难确定。按照资本成本率实质上是投资的必要报酬率的思路，常见的普通股资本成本计算方法包括股利折现模型、资本资产定价模型和税前债务成本风险溢价模型。

（三）综合资本成本率与资本结构

1. 综合资本成本率

综合资本成本率是指一个公司全部长期资本的成本率，通常是以各种长期资本的比例为权重（又称资本结构），对个别资本成本率进行加权平均测算的，故亦称加权平均资本成本率。因此，综合资本成本率是由个别资本成本率和资本结构这两个因素所决定的。

2. 资本结构及其确定

资本结构是指企业各种资本的价值构成及其比例关系，是企业一定时期筹资组合的结果。广义的资本结构是指企业全部资本的构成及其比例关系；狭义的资本结构是指企业各种长期资本的构成及其比例关系，尤其是指长期债务资本与（长期）股权资本之间的构成及其比例关系。这里主要应用的是狭义的概念。

测算综合资本成本率时，资本结构或各种资本在全部资本中所占的比例取决于各种资本价值的确定。各种资本价值的计量基础主要有三种选择：账面价值、市场价值和目标价值。

（1）按账面价值确定资本比例。账面价值，即企业资产负债表上显示的各类资本的会计价值。以资本的账面价值计算各种资本的权重比较容易，但其存在资本的账面价值可能不符合市场价值的缺陷。如果资本的市场价值已经脱离账面价值许多，采用账面价值做基础确定资本比例就有失现实客观性，从而不利于综合资本成本率的测算和筹资管理的决策。

（2）按市场价值确定资本比例。按市场价值确定资本比例是根据资本的市场价值为基础确定其资本比例，尤其指债券和股票这两类资本。按市场价值确定资本比例反映了公司现实的资本结构；但由于市场价值不断变动，负债和权益的比例也将随之变动。

（3）按目标价值确定资本比例。按目标价值确定资本比例是指证券和股票等以公司预计的未来目标市场价值确定资本比例。这种权重可选用平均市场价值，回避证券市场价格变动频繁的问题，适用于公司评价未来的资本结构。

第二节　长期筹资与短期筹资

"伴随着社会的不断发展，企业想要发展壮大，离不开资金的运作，可以说资金是企业的血液，财务管理筹资是企业自身从事相应自身计划的起点，也是企业财务管理部门重要的工作之一。"[1]

一、长期筹资及方式

长期筹资是指一家企业或组织通过不同的金融手段和渠道来筹集资本以支持其长期经营和投资需求。这种筹资方式通常用于满足企业的长期资本需求，如购买设备、扩大生产能力、进行研发、收购其他公司或进行大规模的项目投资。长期筹资是企业发展和成长的重要一环，它有助于支持企业的战略目标和长期规划，但同时也需要仔细地规划和管理，以确保可持续性和债务管理。不同的长期筹资方式适用于不同的情况，企业需要根据其具体需求和财务状况来选择合适的筹资方式。

（一）吸收直接投资

1. 吸收直接投资的方式

吸收直接投资方式又称为投入资本方式，是非股份制企业（包括个人独资企业、个人合伙企业、国有独资公司和有限责任公司）以协议等形式吸收国家、其他企业、个人和外商等直接投入的资本，形成企业长期股权资本的一种基本筹资方式。

2. 吸收直接投资的分类

按吸收直接投资的投资者及投资者的出资形式，吸收直接投资可有不同的分类。

（1）按投资者分类。筹集国家直接投资，主要是国家财政拨款，形成企业的国有资本；筹集除金融机构外的其他法人的直接投资，形成企业的法人资本；筹集本企业内部职工和城乡居民的直接投资，形成企业的个人资本；筹集外国投资者和我国港澳台地区投资者的直接投资，形成企业的外商资本。

（2）按投资者的出资形式分类。投资者可以以现金或非现金形式对企业进行投资。非现金形式还可分为两类形式：①筹集实物资产，如房屋、建筑物、设备和材料、产品等流

---

[1]　汤杰. 财务管理筹资方式比较探究［J］. 经贸实践，2018（04）：301.

动资产；②筹集无形资产，如知识产权、土地使用权等可以用货币估价并可以依法转让的非货币财产。

3. 吸收直接投资的优点

（1）有利于提高企业对外负债能力。吸收直接投资的资金属于企业的股权资本，与债务资本相比，它能提高企业的资信和借款能力。

（2）有利于降低财务风险。吸收直接投资的资金可供企业长期使用且无须偿还本金，与债务资本相比，其财务风险较低。

（3）有利于尽快形成企业生产经营能力。吸收直接投资不仅可以筹取到现金，还可以直接获得所需的先进设备和技术，与仅能筹集到现金的方式相比，它能尽快地形成生产能力。

（二）发行股票

股票是股份有限公司为筹措股权资本而发行的有价证券，是公司签发的证明持股人拥有公司股份的凭证。发行股票是股份有限公司筹集股权资本的基本方式。

1. 股票的类型划分

股票的种类很多，可按不同的标准进行分类。

（1）按股东的权利与义务不同分类。按股东的权利和义务的不同，股票可以分为普通股和优先股。

第一，普通股是公司发行无特别权利和义务的、股利不固定的，也是最基本的、标准型的股票。普通股股东有权参加股东大会，依法对公司重大事项进行表决，参与公司的经营管理；普通股股利分配在优先股之后，并依公司盈利情况而定；公司解散清算时，普通股股东对公司剩余财产的请求权位于优先股股东之后；公司增发新股时，普通股股东具有优先认购权。

第二，优先股是公司发行的优先于普通股股东分取股利和公司剩余财产的股票。优先股股利一般是固定的，并且在普通股分配股利前支付；在公司破产清算时，优先股股东对公司的剩余财产的分配权在普通股股东之前。与发行普通股相比，发行优先股可以吸引部分保守者的投资。优先股股东除涉及自身利益的重大决策外，一般无权参加股东大会行使表决权，参与公司的经营管理；公司增发新股时，优先股股东没有优先认购权。

（2）按股票票面有无记名分类。按股票票面有无记名可将股票分为记名股票和无记名股票。

第一，记名股票是股票票面上记载股东的姓名或名称的股票，股东姓名或名称要记入公司的股东手册。记名股票的转让有严格的法律程序，需要办理过户手续。

第二，无记名股票是股票票面上不记载股东的姓名或名称，股东姓名或名称不要记入公司的股东手册的股票，其持有人即为股份的所有者。无记名股票的转让和继承自由、方便，无须办理过户手续，但若遗失可能会给所有者带来损失。

（3）按投资主体不同分类。按投资主体的不同，股票可以分为国家股、法人股、个人股和外资股。

第一，国家股是有权代表国家投资的部门或机构以国有资产向公司投入而形成的股份。国家股由国务院授权的部门或机构持有，并向公司委派股权代表。

第二，法人股是指企业法人依法以其可支配的资产向公司投入而形成的股份，或具有法人资格的事业单位和社会团体以国家允许用于经营的资产向公司投入而形成的股份。

第三，个人股为社会个人或本公司职工以个人合法财产投入公司而形成的股份。

第四，外资股是指外国和我国港澳台地区投资者购买的我国上市公司股票。

（4）按发行对象和上市地区不同分类。按发行对象和上市地区的不同，股票可以分为A股、B股、H股、N股和L股等。

第一，A股是在中国境内上市，以人民币标明票面金额并以人民币认购和交易的股票。

第二，B股是在中国境内上市，以人民币标明票面金额但以外币认购和交易的股票。

第三，H股、N股、L股等指分别在香港、纽约及伦敦上市，以人民币标明票面金额但以当地货币认购和交易的股票。

2. 股票发行的方式

股票的发行是指股份有限公司销售股票。根据是否委托证券承销机构代理销售来分，股票的发行方式有自销和承销两种方式；根据是否向特定对象销售来分，股票发行方式又可分为公开发行和非公开发行。

（1）自销与承销。

第一，自销方式是指股份有限公司直接将股票出售给认购股东；承销方式是指股份有限公司将股票销售业务委托给证券承销机构代理。自销方式可由发行公司直接控制发行过程，实现发行意图，并可节约发行成本，但发行风险完全由发行公司承担，主要被知名度高、实力强的公司向其现有股东推销股票时采用。

第二，承销方式包括包销和代销，其期限均最长不得超过90日。包销是由发行公司与证券经营机构签订承销协议，全权委托证券承销机构代理股票的发售业务；代销是由证券经营机构代理股票发售业务。证券代销中发行人与承销商之间建立的是一种委托代理关系。

（2）公开发行与非公开发行。股份有限公司向不特定对象或特定对象销售股票累计超过 200 人的称为公开发行（又称公募）；反之为非公开发行（又称私募）。

第一，公开发行股票，必须符合法律、行政法规规定的条件，并依法报经国务院证券监督管理机构或者国务院授权的部门核准；未经依法核准，任何单位和个人不得公开发行股票。公开发行股票的股份公司为公众公司，其中，在证券交易所上市交易的，称为上市公司；符合公开发行条件，但未在证券交易所上市交易的股份公司为非上市公众公司。

第二，非公开发行股票的发行对象是特定的，即其发售的对象主要是拥有资金、技术、人才等方面优势的机构投资者及其他专业投资者，他们具有较强的自我保护能力，能够做出独立判断和投资决策。非公开发行的发售方式也是有限制的，即一般不能公开地向不特定的一般投资者进行劝募，从而限制了即使出现违规行为时其对公众利益造成影响的程度和范围。

3. 股票上市的条件

股票上市是指股份有限公司公开发行的股票，符合规定条件，经过申请批准后在证券交易所作为挂牌交易的法律行为。经批准在证券交易所上市交易的股票，称为上市股票；股票上市的股份有限公司称为上市公司。股份有限公司申请股票上市，基本目的是增强本公司股票的吸引力，形成稳定的资本来源，从而能在更大范围内筹措大量资本。

（1）股票上市的条件。股票上市的条件也称股票上市的标准，是指对申请上市公司所做的规定或要求。各国都对在其境内股票上市设定了一系列的条件。《中华人民共和国证券法》规定，股份有限公司申请股票上市，应当符合相关条件：①股票经国务院证券监督管理机构核准已公开发行；②公司股本总额不少于 3000 万元人民币；③公开发行的股份达到公司股份总数的 25% 以上，公司股本总额超过 4 亿元人民币的，公开发行股份的比例为 10% 以上；④公司最近 3 年无重大违法行为，财务会计报告无虚假记载。

证券交易所可以规定高于前款规定的上市条件，并报国务院证券监督管理机构批准。国家鼓励符合产业政策并符合上市条件的公司股票上市交易。股票上市交易申请经证券交易所审核同意后，签订上市协议的公司应当在规定的期限内公告股票上市的有关文件，并将该文件置备于指定场所供公众查阅。

（2）上市公司有相关情形之一的，由证券交易所决定暂停其股票上市交易：①公司股本总额、股权分布等发生变化不再具备上市条件；②公司不按照规定公开其财务状况，或者对财务会计报告做虚假记载，可能误导投资者；③公司有重大违法行为；④公司最近 3

年连续亏损；⑤证券交易所上市规则规定的其他情形。

4. 发行普通股筹资的优点

普通股是股份有限公司最基本的股票形式，采取发行普通股进行融资是股份有限公司筹集股权资金的最常见方法。对于筹资者而言，与其他筹资方式相比，普通股筹集资金具有以下优点：

(1) 发行普通股筹措资本具有永久性。因为采取此方式筹集的资金无到期日，不需归还，这对保证公司对资本的最低需要、维持公司长期稳定发展极为有利。

(2) 发行普通股筹资的财务风险小。一方面，发行普通股筹资没有固定的股利负担，普通股股利的支付与否和支付多少，视公司有无盈利和经营需要而定，经营波动给公司带来的财务负担相对较小；另一方面，由于其是企业永久性资金，无到期日，当企业资金紧张时，不会面临像债务资金那样到期还本的刚性压力。

(3) 发行普通股筹资有利于提高企业的再融资能力。发行普通股筹集的资本是公司最基本的资金来源，它反映了公司的实力。与采取债务资金筹资相比，其再融资时的股权资金基础扩大，可为利用更多的债务提供强有力的支持。

5. 发行优先股筹资的优点

优先股是相对普通股而言的，其优先是指在企业清算时对偿付债务后所余净资产要求权的优先，即它的索赔权优先于普通股票，还有获取股利的权利优先，即它的股利支付应先于普通股票股利的支付。优先股票的收益是股票面值与其规定股利率之积，它们一般不参与公司剩余利润的分配，就这点而论，优先股票与债券的性质相同；但优先股票无到期日，不需要还本，甚至可以不支付股利，就这点而论，优先股票与普通股票的性质相同。优先股票是一种混合性的筹资形式，它既有债券又有普通股票的特点。

对于筹资者而言，与普通股筹资方式相比，优先股筹集资金除了同样具有财务风险小、可提高再融资能力的优点外，还具有以下优点：

(1) 无股利支付的法定义务。由于优先股票股利不是发行公司必须偿付的一项法定债务，如果公司财务状况恶化时，这种股利可以不付，从而减轻了企业的财务负担。

(2) 财务上灵活机动。由于优先股票没有规定最终到期日，它实质上是一种永续性借款。对于可赎回优先股，企业可在有利条件下收回优先股票，具有较大的灵活性。

(3) 不影响普通股股东的收益和控制权。与普通股票相比，优先股票每股收益是固定的，只要企业净资产收益率高于优先股票成本率，普通股票每股收益就会上升；另外，优先股票无表决权，因此，不影响普通股股东对企业的控制权。

（三）发行债券

债券是国家或地区政府、金融机构、企业等机构直接向投资者发行，并且承诺按特定利率支付利息并按约定条件偿还本金的一种有价证券。

1. 债券的类型划分

（1）按发行主体分类。债券按发行主体可分为政府债券、金融债券及公司（企业）债券三类。

第一，政府债券是政府为筹集资金而发行的债券，主要包括国债、地方政府债券等。国债又称国库券，因其信誉好、利率优、风险小而又被称为"金边债券"。除了政府部门直接发行的债券外，有些国家把政府担保的债券也划归为政府债券体系，称为政府保证债券。这种债券由一些与政府有直接关系的公司或金融机构发行，并由政府提供担保。

第二，金融债券是由银行和非银行金融机构发行的债券。在我国，目前金融债券主要由国家开发银行、进出口银行等政策性银行发行。金融机构一般有雄厚的资金实力，信用度较高，因此金融债券往往有良好的信誉。

第三，在国外，没有企业债和公司债的划分，统称为公司债。在我国，企业债券是按照《企业债券管理条例》规定发行与交易，由国家发展与改革委员会监督管理的债券。在实际中，其发债主体为中央政府部门所属机构、国有独资企业或国有控股企业，因此，它在很大程度上体现了政府信用。公司债券管理机构为中国证券监督管理委员会，发债主体为按照《中华人民共和国公司法》设立的公司法人，在实践中，其发行主体为上市公司，其信用保障是发债公司的资产质量、经营状况、盈利水平和持续盈利能力等。公司债券在证券登记结算公司统一登记托管，可申请在证券交易所上市交易，其信用风险一般高于企业债券。

（2）按有无抵押担保分类。债券按有无抵押担保可分为抵押债券和信用债券。

第一，抵押债券是以企业财产作为担保的债券，按抵押品的不同又可以分为不动产抵押债券和证券信托抵押债券。以不动产如房屋等作为担保品，称为不动产抵押债券；以动产如适销商品等作为提供品的，称为动产抵押债券；以有价证券如股票及其他债券作为担保品的，称为证券信托债券。

第二，信用债券是不以任何公司财产作为担保，完全凭信用发行的债券。政府债券属于此类债券。这种债券由于其发行人的绝对信用而具有坚实的可靠性。除此之外，一些公司也可以发行这种债券，即信用公司债。与抵押债券相比，信用债券的持有人承担的风险较大，因而往往要求有较高的利率。为了保护投资人的利益，发行这种债券的公司往往受到限制，只有那些信誉卓著的大公司才有资格发行。

（3）按债券持有人的特定权益分类。债券按债券持有人的特定权益分类，可分为收益债券、可转换债券及附认股权证债券。

第一，收益债券是指规定无论利息的支付或是本金的偿还均只能从债券发行公司的利润中拨出的公司债券。公司若无盈余则累积至有盈余年度开始发放，这种债券大多于公司改组或重整时才发生。利息支付取决于公司利润的大小，利息并不固定，如无利润则不付息。

第二，可转换债券是指在特定时期内可以按某一固定的比例转换成普通股的债券，它具有债务与权益双重属性，属于一种混合性筹资方式。由于可转换债券赋予债券持有人将来成为公司股东的权利，因此其利率通常低于不可转换债券。

第三，附认股权证债券指发行的债券允许债券持有人依法享有在一定期间内按约定价格（执行价格）认购公司股票的权利，是债券加上认证股权的产品组合。对于发行人来说，发行附加股权证的公司债券可以起到一次发行、二次融资的作用，可以有效降低融资成本。但相对于普通可转债，附加股权证债券发行人一直都有偿还本息的义务；且无赎回和强制转股条款，从而在发行人股票价格高涨或者市场利率大幅降低时，发行人需要承担一定的机会成本。

（4）按利息是否变动分类。债券按利率是否变动可分为固定利率债券和浮动利率债券。

第一，固定利率债券是将利率印在票面上并按期向债券持有人支付利息的债券。该利率不随市场利率的变化而调整，因而固定利率债券可以较好地抵制通货紧缩风险。

第二，浮动利率债券的利率在发行债券之初不固定，而是随市场利率变动而调整。因为浮动利率债券的利率同当前市场利率挂钩，而当前市场利率又考虑到通货膨胀率的影响，所以浮动利率债券可以较好地抵制通货膨胀风险。

2. 债券发行的价格

债券发行价格是指债券原始投资者购入债券时应支付的市场价格。公司（企业）发行债券需经过申请、审批和发行一系列过程。通常在发行债券之前即已确定债券的票面价值、利息率。可是等到实际发行债券时，市场情况可能发生变化。债券发行价格取决于债券面值、票面利率、市场利率及债券期限四个因素。

（1）债券面值。债券面值即债券票面上标出的金额。企业可根据不同认购者的需要，使债券面值多样化，既有大额面值，又有小额面值。债券的票面金额是债券到期时偿还债务的金额。面额印在债券上，固定不变，到期必须足额偿还。

（2）票面利率。债券票面利率是指发行债券时规定应付的并直接印刷在债券票面上的利率，表示每年应付的利息额与债券面额之比。由于实际发行价格可能不等于票面面值，因此，债券票面利率并不是债券的实际利率而是名义利率。

（3）市场利率。市场利率是指由资金市场上供求关系决定的利率，是市场资金借贷成本的真实反映。能够及时反映短期市场利率的指标有银行间同业拆借利率、国债回购利率等。新发行的债券利率一般也是按照当时的市场基准利率来设计的。由于受融资形式多样、一国经济发展不平衡、市场分割等因素影响，市场利率也会有多种表现。

（4）债券期限。债券的期限，即在债券发行时就确定的债券还本的年限，债券的发行人到期必须偿还本金，债券持有人到期收回本金的权利得到法律的保护。债券的期限越长，债权人的风险越大，要求的利息报酬越高。

3. 债券的信用评级

债券信用评级是对企业或经济主体发行的有价债券按期还本付息的可靠程度进行评估，并标志其信用程度的等级。

（1）债券信用评级的原因。第一，方便投资者决策。投资者购买债券是要承担一定风险的。如果发行者到期不能偿还本息，投资者就会蒙受损失，这种风险称为信用风险。债券的信用风险因发行后偿还能力不同而有所差异，对广大投资者尤其是中小投资者来说，事先了解债券的信用等级是非常重要的。由于受时间、知识和信息的限制，无法对众多债券进行分析和选择，因此需要专业机构对准备发行的债券还本付息的可靠程度，进行客观、公正和权威的评定，也就是进行债券信用评级。

第二，减少信誉高的发行人的筹资成本。一般来说，资信等级越高的债券，越容易得到投资者的信任，能够以较低的利率出售；而资信等级低的债券，风险较大，只能以较高的利率发行。

（2）债券信用等级。目前国际上公认的最具权威性的信用评级机构有三家，分别是美国标准普尔公司、穆迪投资服务公司和惠誉国际。美国标准普尔公司擅长企业评级，穆迪投资服务公司擅长主权国家评级，惠誉国际擅长金融机构与资产证券化评级。公司负责评级的债券很广泛，包括地方政府债券、公司债券、外国债券等，由于它们占有详尽的资料，采用先进科学的分析技术，又有丰富的实践经验和大量专门人才，因此它们所做出的信用评级具有很高的权威性。

4. 发行普通债券筹资的优点

普通债券是指按照既定利率，到期获得本息，不参与发行公司任何管理事项，不参与利润分配，不含混合性融资性质的债券，是公司债券的基本形式。对筹资者来说，发行普通债券筹资的优点如下：

（1）资本成本比股权资本低。与筹集股权资金的方式相比，债券的利息允许在所得税前支付，公司可享受税收上的利益，故公司实际负担的债券成本一般低于股权资本成本。

（2）可利用财务杠杆增加股东收益。无论发行债券的企业盈利多少，债券持有者一般只收取固定的利息，若公司用资后收益丰厚，增加的收益大于支付的债息额，则会增加股东财富和公司价值。

（3）保障原有股东的控制权。债券持有者一般无权参与发行公司的管理决策，因此发行债券一般不会分散原有股东的控制权。

5. 发行可转换债券筹资的优点

可转换债券在发行时就明确约定，债券持有人可按照发行时约定的价格将债券转换成公司的普通股票。如果持有人看好发债公司股票增值潜力，在宽限期之后可以行使转换权，按照预定转换价格将债券转换成股票，发债公司不得拒绝。由于可转换债券兼有债券和股票双重特点，对筹资者和投资者都具有吸引力。对筹资者来说，其优点主要表现在以下方面：

（1）有利于降低资本成本。由于可转换债券具备普通债券所不具备的升值潜力，其利率通常低于普通债券，因此在转换前，可转换债券的资本成本低于普通债券；转换为股票后，又可节省股票的发行成本，从而降低股票的资本成本。

（2）有利于稳定股价。如果在股价低迷时发行可转换债券，可以避免因为直接发行新股而进一步降低公司股价；因为转换期较长，即使在将来转换为股票，对公司股票的影响也较温和。

（四）长期借款

借款方式是指企业根据借款合同向银行、非银行金融机构以及其他单位借入需按约定到期还本付息的资金的一种筹资方式，也是各类企业通常采用的一种债务性筹资方式。借款方式以向金融机构借款为主，其中向银行借入各类借款最为典型。

1. 抵押贷款与信用贷款

借款按有无抵押品作担保，可分为抵押贷款和信用贷款。

（1）抵押贷款是银行的一种放款形式，指借款者以一定的抵押品作为物品保证向银行取得的贷款。它的抵押品必须是能够变现的资产，可以是不动产、机器设备等实物资产，也可是股票、债券、货物提单及其他各种证明物品所有权的单据。贷款到期，借款者必须如数归还，否则银行有权处理抵押品，作为一种补偿。

（2）信用贷款是指借款者不以抵押品作担保的贷款，即仅凭自己的信誉就能取得贷款。银行在对企业的财务报表、现金预算等资料分析的基础上，决定是否向企业贷款。由于信用贷款风险较高，一般只有信誉好、规模大的公司才可能得到信用借款。

2. 银行借款的基本程序

企业申请贷款必须具备的条件主要包括：①具有法人资格；②生产经营方向和业务范围符合国家政策，而且贷款用途符合银行贷款办法的规定；③借款企业具有一定的物资和财产保证，或担保单位具有相应的经济实力；④具有还贷能力；⑤在银行开立账户办理结算。

（1）企业提出借款申请。企业向银行借入资金必须向银行提出申请，填写包括借款金额、借款用途、偿还能力及还款方式等主要内容的《借款申请书》，并提供银行要求相关资料。

（2）银行审查借款申请。银行接到企业的申请后，按照有关政策和借款条件，对借款企业进行审查，以决定是否批准企业申请的借款金额和用款计划。银行审查的主要内容包括：①企业的财务状况及信用状况；②企业盈利的稳定性、发展前景；③借款投资项目的可行性、安全性和合法性；④企业的抵押品和担保情况。

（3）签订借款合同。经银行审核同意之后，借贷双方应签订借款合同。借款合同是规定借款单位和银行双方的权利、义务和经济责任的法律文件。

（4）企业取得借款。借款合同生效后，贷款银行要按合同规定按期发放贷款，以便于企业支用借款。

（5）企业还本付息。企业在接到还本付息通知单后，要及时筹备资金，按期还本付息。如果企业不能按期归还借款，应在借款到期之前，向银行申请贷款展期，但是否展期，由贷款银行根据具体情况决定。贷款到期经银行催收，如果借款企业不予偿还，银行可按合同规定，从借款企业的存款户中扣收贷款本息及加收的利息。

3. 企业选择贷款机构

随着金融信贷业的发展，可向企业提供贷款的银行和非银行金融机构逐渐增多，企业有可能在各类贷款机构之间做出选择，以争取最大利益。选择银行时，重要的是要选用适宜的借款种类、借款成本和借款条件，此外还应考虑以下因素：

（1）贷款机构对贷款风险的政策。通常，贷款机构对其贷款风险有着不同的政策，有的倾向于保守，只愿承担较小的贷款风险；有的富于开拓，敢于承担较大的贷款风险。

（2）贷款机构对企业的态度。不同机构对企业的态度不同。有的机构肯于积极为企业提供建议，帮助企业分析潜在的财力问题，有着良好的服务，乐于为具有发展潜力的企业发放大量贷款，在企业遇到困难时帮助其渡过难关；也有的机构很少提供咨询服务，在企业遇到困难时一味地为清偿贷款而对企业施加压力。

（3）贷款机构的稳定性。稳定的贷款机构可以保证企业的借款不致中途发生变故。贷款机构的稳定性取决于它的资本规模、存款水平波动程度和存款结构。

4. 长期借款筹资的优点

（1）筹集资金速度快。企业通常与贷款机构直接沟通，贷款机构做出相关审查后即可获得资金。

（2）借款成本较低。借款筹集的资金属债务，其利息可在所得税前列支，与股权方式筹资相比，其可少交利息相应部分的所得税，减少了企业实际负担的成本。

（3）借款筹资弹性较大。在借款时，企业与银行直接商定贷款的时间、数额和利率等；在用款期间，企业如因财务状况发生某些变化，也可与贷款机构再协商、变更借款数量及还款期限等。因此，对筹资者来说，长期借款筹资具有较大的灵活性。

（五）融资租赁

1. 融资租赁的特点

融资租赁又称资本租赁、财务租赁，是由租赁公司按承租企业的要求融资购买设备，并在契约或合同规定的较长期限内提供给承租企业使用的信用性业务。融资租赁实质是依附于传统租赁上的金融交易，是一种特殊的金融工具。融资租赁的特征如下：

（1）租赁物由承租人决定，出租人出资购买并租赁给承租人使用，并且在租赁期间内只能租给一个企业使用。

（2）承租人负责检查验收制造商所提供的租赁物，对该租赁物的质量与技术条件出租人不向承租人做出担保。

（3）出租人保留租赁物的所有权，承租人在租赁期间支付租金而享有使用权，并负责租赁期间租赁物的管理、维修和保养。

（4）租赁合同一经签订，在租赁期间任何一方均无权单方面撤销合同。只有租赁物毁坏或被证明为已经丧失使用价值的情况下，方能中止执行合同，无故毁约则要支付相当重的罚金。

（5）租赁期较长，大多为设备使用年限的一半以上；租期结束后，承租人一般对租赁物有续租、留购和退还三种选择，若要留购，购买价格可由租赁双方协商确定。

2. 融资租赁的方式

（1）直接融资租赁。直接融资租赁由出租人使用在资金市场上筹措的资金，向制造厂商支付货款，购进设备后直接出租给承租人。这种租赁的租约一般包括两个合同：①出租人与承租人签订一项租赁合同；②出租人按照承租人的订货要求，与厂商签订一项买卖合同。直接融资租赁方式没有时间间隔，出租人没有设备库存，资金流动加快，有较高的投资效益。

（2）杠杆融资租赁。杠杆租赁是融资租赁的一种特殊方式。采用这种租赁方式时，出租人自筹购置租赁设备成本的20%~40%的资金，其余的资金由银行或财团等以贷款提供出租人需将设备的所有权、租赁合同和收取租金的权利抵押给银行或财团，以此作为其取得贷款的担保，出租人拥有设备的法定所有权；每期租金由承租人交给提供贷款的银行或财团，由其按商定比例扣除偿付贷款及利息的部分，其余部分交出租人处理。

（3）售后租回融资租赁。售后租回交易也是一种特殊形式的融资租赁，是指卖主（即承租人）将一项自制或外购的资产出售后，又将该项资产从买主（即出租人）租回，习惯称之为"回租"。在售后租回方式下，卖主同时是承租人，买主同时是出租人。通过售后租回交易，资产的原所有者（即承租人）在保留对资产的占有权、使用权和控制权的前提下，将固定资产转化为货币资本，在出售时可取得全部价款的现金，而租金则是分期支付的，从而获得了所需的资金；而资产的新所有者（即出租人）通过售后租回交易，找了一个风险小、回报有保障的投资机会。

3. 融资租赁的租金

融资租赁的数额和支付方式对承租企业的未来财务状况具有直接的影响，是融资租赁决策的重要依据。融资租赁的租金主要取决于以下因素：

（1）设备原价及预计残值，包括设备买价、运输费、安装调试费、保险费等，以及该设备租赁期满后，出售可得的市价。

（2）利息，指租赁公司为承租企业购置设备垫付资金所应支付的利息。

（3）租赁手续费，指租赁公司承办租赁设备所发生的业务费用和必要的利润。

（4）租赁期限，租赁期限的长短既影响租金总额，又影响每月租金的数额。

（5）租赁支付方式，包括按支付间隔期的长短，分为年付、半年付、季付和月付等方式；按在期初和期末支付，分为先付租金和后付租金；按每次支付额，分为等额支付和不等额支付。

4. 融资租赁的优点

融资租赁行业在整个经济发展中的作用将愈加明显，主要有以下优点：

（1）在资金缺乏情况下，能迅速获得所需资产。融资租赁集"融资"与"融物"于一身，融资租赁使企业在资金短缺的情况下引进设备成为可能。由于其融资与融物相结合的特点，出现问题时租赁公司可以回收、处理租赁物，因而在办理融资时对企业资信和担保的要求不高，所以非常适合中小企业融资。

（2）财务风险小，财务优势明显。融资租赁与购买的一次性支出相比，能够避免一次性支付的负担，而且租金支出是未来的、分期的，企业无须一次筹集大量资金偿还。还款时，租金可以通过项目本身产生的收益来支付。

（3）融资租赁筹资的限制条件较少。企业运用股票、债券、长期借款等筹资方式，都受到相当多的资格条件的限制，如足够的抵押品、银行贷款的信用标准、发行债券的政府管制等。相比之下，租赁筹资的限制条件很少。此外，融资租赁属于表外融资，不体现在企业财务报表的负债项目中，不影响企业的资信状况，也不受企业资信状况的影响。

（4）租赁能延长资金融通的期限。通常为设备而贷款的借款期限比该资产的物理寿命要短得多，而租赁的融资期限却可接近其全部使用寿命期限；并且其金额根据设备价款金额而定，无融资额度的限制。

（5）免遭设备陈旧过时的风险。随着科学技术的不断进步，设备陈旧过时的风险很高，而多数租赁协议规定此种风险由出租人承担，承租企业可免受这种风险。

二、短期筹资的特点及方式

短期筹资是指筹集在一年以内或超过一年的一个营业周期内到期的资金，通常指短期负债筹资，形成企业的流动负债。

（一）短期筹资的特点

1. 筹资速度快

对于投资者来说，为保证其资金的安全性，往往要对筹资者进行全面的财务调查和周密的财务分析，因而筹资者筹集长期资金所需时间一般较长。相比长期资金来说，采用短期筹资方式筹集的流动负债由于在较短时间内可归还，不可确定性较小，投资者承担的风险较小。所以，短期筹资速度较快。

2. 资金成本较低

资金成本包括筹资费用及用资费用，投资者索取的资金回报是资金的用资成本。对投资者来说，由于短期筹资的风险较长期筹资的风险低，因此向筹资方索取的资金回报相对较低，短期筹资的用资成本较低。而且，短期筹资手续相对简单，其筹资费用也比长期筹资要少得多。短期筹资的资金成本通常较长期筹资的资金成本低。

3. 筹资具有灵活性

在筹集长期资金时，投资者出于资金安全方面的考虑，通常向筹资方提出一系列的限制性条款，企业经营受到一定程度的约束。短期筹资的相关限制和约束相对较少，从而在资金的使用和配置上显得更加灵活、富有弹性。

（二）发行短期融资券

1. 短期融资券的运用

（1）短期融资券的发行程序。我国短期融资券的发行程序主要包括：①公司做出发行短期融资券的决策；②办理发行短期融资券的信用评级；③向有关审批机构提出发行申请；④审批机关对企业提出的申请进行审查和批准；⑤正式发行短期融资券，取得资金。

（2）短期融资券的发行条件。我国短期融资券的发行方为非金融企业或者金融行业，其必须具备相关条件：①在中华人民共和国境内依法设立的企业法人；②具有稳定的偿债资金来源，最近 1 个会计年度盈利；③流动性良好，具有较强的到期偿债能力；④发行融资券募集的资金用于该企业生产经营；⑤近 3 年没有违法和重大违规行为；⑥近 3 年发行的融资券没有延迟支付本息的情形；⑦具有健全的内部管理体系和募集资金的使用偿付管理制度；⑧中国人民银行规定的其他条件。

2. 短期融资券的优点

对筹资者来说，运用短期融资券进行筹资的成本较低。短期融资券收益率与同期贷款基准利率存在正相关关系，高信用等级券种长期低于同期贷款基准利率，与市场上的国库券、可转让存单的利息水平接近，并且没有补偿性余额等规定。此外，由于短期融资券的发行条件比较严格，能发行短期融资券的企业一定是资质较好的企业，因此，发行短期融资券还能提高企业的信誉。

（三）商业信用

商业信用是指在商品交易中由于延期付款或预收贷款所形成的企业间的借贷关系。商业信用是一种促销方式，也是一种融资方式。早在简单的商品生产条件下，就已出现了赊销赊购现象，到了商品经济发达的现代社会，商业信用更是得到了广泛运用，可以说只要有商业活动，就存在商业信用。一般企业总有一批既有供需关系又有相互信用基础的客户，对大多数企业而言，应付账款和预收账款是自然的、持续的信贷形式。

1. 商业信用的主要形式

商业信用的主要形式包括赊购商品、预收货款及应付费用三种形式。

（1）赊购商品。赊购商品是指购买者在到货一段时间后才付款，形成企业的应付账款。赊购商品使卖者成为债权人，买者成为债务人。对于买方来讲，一方面，赊购能够缓解其资金周转的压力，即使企业没有资金投入，也可利用他人的钱来赚钱，自己不投资或少投资，从而减少银行贷款，降低利息成本；另一方面，赊购能够给买方发现产品质量问题的时间，在付款问题上占据主动地位。对卖方来讲就显得有些迫不得已。任何一家卖方当然都希望现金交易，即一手交钱，一手交货，既无风险，又可尽快回笼资金。然而，面对竞争日趋激烈的市场，企业又不得不接受。卖方提供赊销时，通常对付款时间做出具体规定，有时为了加速资金回笼，还会提供现金折扣。在赊销中对付款时间及现金折扣做的具体规定即为商业信用条件。商业信用条件包括两种：①有信用期，但无现金折扣，如"N/30"表示30天内按发票金额全数支付；②有信用期和现金折扣，如"2/10，N/30"表示10天内付款享受现金折扣2%，若买方放弃折扣，30天内必须付清款项。

（2）预收货款。预收货款是指销货单位按照合同和协议规定，在发出货物之前向购货单位预先收取部分或全部货款的信用行为。预收货款往往适用于销售紧俏或生产周期长、造价较高的商品，以解决商品供不应求或缓和本企业资金占用过多的矛盾。预收货款等于是销售方向购货方预借了一笔款项，以后以商品归还，对销售方是非常有利的。对购货方来说，则可能存在销售方不能履行或不能完全履行合同约定义务的风险。

（3）应付费用。应付费用是企业在生产过程中发生的应付而尚未付的款项，如应付职工薪酬、应缴税费、应付利润或应付股利等。例如应付职工薪酬，企业通常以半月或1个月为单位支付工资，在应付工资已计提但未付的这段时间，相当于职工给企业的一个信用。应缴税费、应付利润或应付股利也有类似的性质。应付费用随着企业规模的扩大而增加，企业使用这些自然形成的资金无须付出任何代价。但这种资金为企业所占用的时间是商业信用三种形式中较短的，尤其是应付职工薪酬及应付税费，基本在1个月以内，企业必须加强对支付期的控制，以免因拖欠带来损失。

2. 商业信用筹资的优点

商业信用的提供方一般不会对筹资方的经营状况和企业风险做严格的考量，企业无须办理像银行借款或商业汇票那样复杂的手续便可取得，这特别有利于企业应对生产经营急需。企业有较大的机动权，能够根据需要，选择决定商业信用的金额大小和期限长短。商业信用筹资方式比银行借款等其他方式灵活得多，如果在期限内不能付款或交货时，一般还可以通过与客户协商，请求延长时限，而银行借款或商业汇票等就不可能做到这一点。更为突出的是，商业信用筹资不需要第三方担保，也不会要求筹资企业用资产进行担保，大、中、小企业以及个体工商户都能够轻易取得。这样，在万一出现逾期付款或交货的情况时，可以避免像银行借款那样面临麻烦的纠纷和抵押资产被处置的风险，企业的生产经营能力在相当长的一段时间内不会损失，从而有利于企业寻求摆脱困境的路径。

（四）经营租赁

经营租赁又称为业务租赁，是为了满足经营使用上的临时或季节性需要而发生的资产租赁，出租人不仅要向承租人提供设备的使用权，还要向承租人提供设备的保养、保险、维修和其他专门性技术服务。通常将除融资租赁以外的租赁均归为经营租赁。经营租赁通常适用于一些需要专门技术进行维修保养、技术更新较快的设备。经营租赁的承租人在经过一定的预告期后，可以中途解除租赁合同。每一次交易的租赁期限大大短于租赁物件的正常使用寿命。

经营租赁与融资租赁一样，能迅速形成生产能力。租赁的设备是出租人已有的设备，企业能尽快形成生产能力。随着科学技术的不断进步，若企业自己购买设备，设备陈旧过时的风险很高；而经营租赁期限较短，到期把设备归还出租人，这种风险完全由出租人承担。利用租赁筹资并不增加企业负债，不会改变企业的资本结构，不会直接影响承租企业的借款能力。经营租金费用可在税前扣除，具有抵免所得税的效用，使承租企业能享受税收上的优惠，相对降低融资成本。

第三节 财务杠杆与最佳资本结构

一、财务杠杆效应

财务杠杆效应是指在企业运用筹资方式时所产生的普通股每股收益变动率大于息税前利润变动率的现象，简称财务杠杆。这是因为利息费用、优先股股利等财务费用是固定不变的，因此当息税前利润增加时，每股普通股负担的固定财务费用将相对减少，从而给投资者带来额外的好处。财务杠杆效应的影响因素如下：

第一，杠杆比例。企业的杠杆比例是指其债务资本（贷款和债券）与股东权益的比例。较高的杠杆比例表示企业使用更多的债务融资来支持其运营和投资。企业可以通过增加债务资本来增加杠杆比例，从而放大其盈利潜力。

第二，杠杆放大利润。当企业使用贷款或债券融资时，如果所借资金的投资回报率高于借款的成本（即利息），那么企业的盈利将会增加，因为差额将成为股东的利润。这被称为杠杆放大效应，它可以提高企业的股东回报率。

财务杠杆效应的程度取决于多个因素，包括债务成本、投资回报率、债务偿还期限、企业的盈利稳定性等。因此，企业在决定采用何种财务杠杆策略时需要进行谨慎的财务规划和风险管理，以确保维护稳健的财务状况。

二、最佳资本结构

最佳资本结构是指在适度财务风险条件下，能使企业综合资本成本最低且企业价值最大的资本结构。现实中，资本结构中都是既有债权资本，又有股权资本。这样则必然会存在一个股权融资与债权融资的选择比例问题。"在不同资本结构下，企业使用资金的成本是不相同的，如何让企业的资本结构达到最优，降低资金占用和使用成本，并不断提高经营效益是企业永恒的追求。"[①] 最优资本结构的方法如下：

（一）比较资本成本法

比较资本成本法是通过比较不同的资本结构的加权平均资本成本，选择其中加权平均资本成本最低的资本结构的方法。企业资本结构决策，分为初次利用债务筹资和追加筹资两种情况。初次利用债务筹资称为初始资本结构决策，追加筹资称为追加资本结构决策。

（二）无差别点分析法

无差别点是两种或两种以上筹资方案下普通股每股收益相等时的息税前利润点，又称息税前利润平衡点或每股收益无差别点。无差别点分析法是指利用息税前利润平衡点来进行资本结构决策。计算无差别点的一般步骤如下：

第一，确定成本分类。需要将企业的成本分为两类，即固定成本和变动成本。固定成本是与产量无关的成本，如租金、折旧、管理薪酬等，而变动成本是随着产量的增加而变化的成本，如原材料成本、直接劳动成本。

第二，计算无差别点。使用公式计算无差别点销售额，无差别点销售额＝固定成本/1－（变动成本率/总销售价格）。

---

① 丁双元. 市场经济条件下企业最佳资本结构探析［J］. 武汉船舶职业技术学院学报，2018，17（01）：36.

第三，分析盈利。一旦计算出无差别点销售额，可以根据实际销售额来分析企业的盈利情况。如果销售额大于无差别点销售额，企业将获利；如果销售额小于无差别点销售额，企业将亏损。

第四，制定策略。无差别点分析可以帮助企业制定价格策略、销售目标和经营计划。如果企业希望提高盈利，可以考虑提高销售额、减少固定成本或控制变动成本。

无差别点法是一种简化的模型，假设成本和销售价格保持不变，而实际情况可能会发生变化。因此，在实际运用中，需要谨慎考虑各种因素，包括市场需求、竞争状况和成本波动，以更全面地评估企业的盈利能力和风险。

第三章 企业投资管理与决策分析

第一节 投资管理及其原则

一、投资管理的意义

"企业投资决策与风险管理是企业经营的重要环节，投资决策合理性及风险管理的有效性直接关系到企业能否实现健康稳定的发展。"[①] 投资管理是企业重要的财务管理活动，投资是寻找有价值的项目并投入资金的过程。企业投资是指企业对现在所持有资金的一种运用，其目的是在未来一定时期内获得与风险相匹配的报酬。在市场经济条件下，公司的投资项目能否取得效益和规避风险，对企业的生存和发展十分重要。

第一，投资管理是企业价值增值的基本前提。企业财务管理的目标是不断增加企业价值，为股东创造财富。因此，企业必须进行投资，在投资中获得效益。

第二，投资管理对企业自身的生存和发展具有重要意义。企业无论是维持简单再生产还是实现扩大再生产，都必须进行一定的投资。要维持简单再生产的顺利进行，就必须及时对设备进行维修更新，对工艺进行改造等投资活动；要实现扩大再生产，就必须进行新项目的投资，如扩建厂房、增添设备等。

第三，企业投资是提高综合生产能力和降低经营风险的重要方法。公司将资金投向生产经营的关键环节和薄弱环节，可以使企业的生产经营更加均衡，形成更大的综合生产能力。同时企业向多个领域投资，可以有效地规避风险，也是降低企业经营风险的有效手段。

二、投资管理的特点

企业投资的重要意义在于发展生产、获取利润、降低风险，从而实现企业财务管理的

[①] 朱龙辉. 财务管理下的投资决策与风险管理 [J]. 纳税, 2023, 17 (28)：73.

目标，综合对内投资和对外投资的情形，投资管理的特点如下：

第一，投资的计划性。企业投资应该是按照企业的财务管理目标进行具体行动的结果，在市场经济的前提下，投资计划受诸多因素的影响，有经济大环境的影响，也有企业产品供求关系的影响，所以企业在投资前，必须认真进行市场调研，利用有利的投资机会，按计划进行投资。

第二，投资程序的科学性。在市场经济条件下，企业的投资都会面临一定的风险。为了保证投资决策科学有效，必须制定科学有效的投资决策程序，认真进行投资项目的可行性分析，从技术的可行性和经济的有效性方面进行论证，运用财务管理的方法计算出相关指标，对项目进行科学的评价。

第三，适当控制投资风险。收益与风险是息息相关的。只要有投资，就会有风险。因此，企业在投资时，必须要将收益与风险进行统筹考虑。只有在收益与风险达到均衡的前提下，才有可能不断增加企业价值，实现财务管理的目标。

三、投资管理的分类

（一）依据投资的范围分类

依据投资的范围，分为对内投资和对外投资。

第一，对内投资。对内投资是指企业为了保证生产经营活动的连续和规模的扩大，对内部生产经营所需各种资产的投资。

第二，对外投资。对外投资是指企业将所拥有的资产直接投入其他企业或购买各种证券形成的投资，对外投资主要形式有对外证券投资和对外直接投资两种。

（二）依据投资时间长短分类

依据投资时间长短，分为短期投资与长期投资。

第一，短期投资。短期投资是指能够随时变现，持有时间不超过1年的有价证券及不超过1年的其他投资。

第二，长期投资。长期投资是指不准备随时变现，持有时间超过1年的有价证券及超过1年的其他投资。

短期投资与长期投资的界限主要有两个：①能够随时变现；②准备随时变现。只有同时符合这两个条件，才能列入短期投资，否则列入长期投资。

（三）依据投资方式不同分类

依据投资方式不同，分为实物投资与证券投资。

第一，实物投资又称直接投资，是指企业以现金、实物、无形资产等投入其他企业进行的投资。

第二，证券投资又称间接投资，是指以购买有价证券（如股票、债券等）的方式对其他企业进行的投资。投资证券按其性质分为三类：①债券性证券，由发行企业或政府机构发行的规定还本付息的时间与金额的债务证书，包括国库券、金融债券和其他公司债券，表明企业拥有证券发行单位的债权。②权益性证券，表明企业拥有证券发行公司的所有权，如其他公司发行的普通股股票，其投资收益决定于发行公司的股利和股票市场价格。③混合性证券，指企业购买的优先股股票。优先股股票是介于普通股股票和债券之间的一种混合性有价证券。

（四）依据投资的风险程度分类

依据投资的风险程度，分为确定性投资与风险性投资。

第一，确定性投资。确定性投资是指在对未来影响投资决策的各种因素的影响方向及程度都明确掌握情况下进行的投资。

第二，风险性投资。风险性投资是指在对未来影响投资决策的各种因素的影响方向或影响程度不能明确掌握情况下进行的投资。

（五）依据投资对企业前途的影响分类

依据投资对企业前途的影响，分为战术性投资与战略性投资。

第一，战术性投资。战术性投资是指不涉及企业整个前途的投资。

第二，战略性投资。战略性投资是指对企业全局产生重大影响的投资。

四、投资管理的原则

投资管理，是指投资主体为实现自身的投资目标，在一定的外部和内部约束下，利用拥有的资金，采取一系列的策略和行动，进行计划、组织、实施和控制，最终达到财富最大化的管理过程。

（一）谨慎性

投资项目一旦实施，便会在较长时间内影响企业，一般的项目投资都需要几年、十几年甚至几十年才能收回。因此，项目投资对企业今后长期的经济效益，甚至企业的命运都有着决定性的影响。因此，企业在进行项目投资管理时必须遵循谨慎性的原则。

（二）科学性

项目投资事关重大，影响深远，绝不能在缺乏调查研究的情况下轻率拍板，必须按照一定程序，认真细致地收集信息，考虑各种量化和非量化的因素，运用科学的方法，严格按照科学的程序进行投资项目的论证，并严格控制资本预算的执行过程，如期完成投资项目。

（三）合理性

项目投资一般都需要较多的资金，小到几万元的设备，大到上百万、上亿元的建设项目。因此，项目投资对企业财务状况和现金流有很大的影响。这就要求企业根据企业的实际情况和筹资能力，合理安排资金预算，量力而行。

第二节　证券投资管理与投资组合

一、证券投资的基本认知

证券投资管理是企业进行金融投资所形成的对资产的管理。与其他投资方式不同，证券投资的对象是金融资产。金融资产是一个相对于实物资产的概念，通常指企业的股权投资、债权投资和衍生金融工具形成的资产等。

（一）证券的类型划分

证券的概念有广义和狭义之分：广义的概念是多种经济权益凭证的统称，是用来证明券票持有人享有的某种特定经济权益的法律凭证，它代表证券持有人凭该证券能拥有特定的经济权益，比如资本证券、货币证券和商品证券等；狭义上的证券是指证券市场上的证券产品，比如股票、债券、股票期货、期权等。

证券按照不同的划分标准分为以下类型：

第一，按照发行主体的不同，可分为政府证券、金融证券和公司证券。政府证券是中央或地方政府为筹集资金而发行的证券，如国库券；金融证券是银行或金融机构为筹集资金而发行的证券，如国家开发银行通过工商银行发行的银行柜台金融债券；公司证券是由具体的公司发行的证券。

第二，按照证券所体现的权益关系，可分为所有权证券和债权证券。所有权证券是指证券的持有人便是证券发行单位的所有者的证券，如股票；债权证券是指证券的持有人是证券发行单位的债权人的证券，如债券。

第三，按照证券收益的决定因素，可分为原生证券和衍生证券。原生证券的收益大小主要取决于发行人的财务状况；衍生证券包括期货合约和期权合约两种基本类型，其收益取决于原生证券的价格。

第四，按照募集方式的不同，可分为公募证券和私募证券。公募证券，又称公开发行证券，是指发行人向不特定的社会公众广泛发售的证券；私募证券，又称内部发行证券，是指面向少数特定投资者发行的证券。

第五，按照证券收益稳定性的不同，可分为固定收益证券和变动收益证券。固定收益证券在证券票面规定有固定收益率；变动收益证券的收益情况随企业经营状况而改变。

第六，按照证券到期日的长短，可分为短期证券和长期证券。短期证券是指到期日短于 1 年的证券；长期证券是到期日长于 1 年的证券。

（二）证券投资的类型

证券投资是指投资者将资金投资于股票、债券、基金及衍生证券等资产，从而获取收益的一种投资行为。通过证券投资，投资人能暂时存放闲置资金，能与筹集长期资金相配合获取收益，能满足未来的财务需求，能获得对相关企业的控制权，还能应对季节性经营资金需求。

金融市场上的证券投资种类很多，其中可供企业投资的证券主要有国债、企业股票与债券、投资基金以及期权期货等衍生产品。证券投资具体可以分为以下类型：

第一，债券投资。债券投资是指投资者购买债券以取得资金收益的一种投资活动。

第二，股票投资。股票投资是指投资者将资金投向股票，通过股票的买卖和收取股利以获得收益的投资行为。

第三，基金投资。基金投资是指投资者通过购买投资基金股份或受益凭证来获取收益的投资方式。这种方式可使投资者享受专家服务，有利于分散风险，获得较高的、较稳定的投资收益。

第四，期货投资。期货投资是指投资者通过买卖期货合约躲避价格风险或赚取利润的一种投资方式。期货合约，是指在将来一定时期以指定价格买卖一定数量和质量的商品而由商品交易所制定的统一的标准合约，它是确定期货交易关系的一种契约，是期货市场的交易对象。

第五，期权投资。期权投资是指为了实现盈利目的或者规避风险而进行期权买卖的一种投资方式。

第六，证券组合投资。证券组合投资是指企业将资金同时投资于多种证券，是企业等法人单位进行证券投资时常用的投资方式。

（三）证券投资的特点

第一，流动性强。证券资产的流动性明显高于实物资产。

第二，价格不稳定，投资风险大。证券相对于实物资产来说，受人为因素的影响较大，且没相应的实物作为保证，其价格受政治、经济环境等各种因素的影响较大，具有价格不稳定、投资风险较大的特点。

第三，交易成本低。证券交易过程快速、简捷、成本较低。

二、债券投资管理

（一）债券及其基本要素

债券是依据国家法定程序发行的，约定在一定期限内还本付息的有价证券，它反映债券发行者与持有者之间的债权债务关系。企业通过债券投资可以利用暂时闲置资金，调节现金余额，获得收益。债券一般包含以下基本要素：

第一，债券面值。债券面值是指债券设定的票面金额，它代表发行人借入并且承诺于未来某特定日偿付债券持有人的金额。债券面值包括两个方面的内容：①票面币种，以何种货币作为债券的计量单位；②票面金额，票面金额对债务的发行成本、发行数量和持有者的分布具有影响。

第二，债券票面利率。债券票面利率是指债券发行者预计一年内向持有者支付的利息占票面金额的比例。

第三，债券到期日。债券到期日是指偿还债券本金的日期。债券一般都有规定到期日，以便到期时归还本金。

（二）债券投资主要特点

第一，可以收回本金。无论长期债券投资，还是短期债券投资，都有到期日，债券到期应当收回本金。

第二，无权参与企业经营管理。从投资权利来说，在各种投资方式中，债券投资者的权利最小，无权参与被投资企业经营管理，只有按约定取得利息、到期收回本金的权利。

第三，投资风险小。债券投资收益通常是事前预定的，收益率通常不及股票高，但具有较强的稳定性，投资风险较小。

（三）债权投资收益估价

第一，一次还本付息债券的估价。一次还本付息的债券，又叫零息债券，是承诺在未来某一特定日期做某一单笔支付的债券。到期一次还本付息债券是到期前不做任何支付，到期时按照面值、票面利率、期限一次偿本付息的债券。假设某到期一次还本付息债券的面值为 F，票面利率为 R，期限为 n 年，市场利率为 i。那么，现在购买该债券的合理价格如下：

$$P = \frac{F \times R \times n + F}{(1 + i)^n} \qquad (3-1)$$

第二，分次付息到期一次还本债券的估价。分次付息到期一次还本债券又称为平息债券，是指利息在到期时间内平均支付的债券。支付的频率可能是每季 1 次、半年 1 次、1 年 1 次。平息债券的面值为 F，票面利率为 R，期限为 n，市场利率为 i，年付息次数为 m，那么购买的合理价格如下：

$$P = \sum_{nm}^{t=1} \frac{F \times R \div m}{(1 + i \div m)^t} + \frac{F}{(1 + i \div m)^{nm}} \qquad (3-2)$$

三、股票投资管理

（一）股票投资的目的

股票是股份公司为筹集资金而发行给出资人作为持股凭证并借以取得股息和红利的一种有价证券。每股股票都代表持有者对企业拥有一个基本单位的所有权。股票是股份公司资本的构成部分，可以转让、买卖，是资本市场的主要长期信用工具，但不能要求公司返还其出资。

股票投资是指企业或个人用积累起来的货币购买股票，借以获得收益的行为。股票投资的收益是由"收入收益"和"资本利得"两部分构成的。收入收益是指股票投资者以股东身份，按照持股的份额，在公司盈利分配中得到的股息和红利的收益；资本利得是指投资者在股票价格的变化中所得到的收益，即将股票低价买进，高价卖出所得到的差价收益。

企业进行股票投资的目的主要有两个：①获利，作为一般的证券投资，获取股利收入及股票买卖差价；②控股，即通过购买某一企业的大量股票达到控制该企业的目的。

（二）股票的类型划分

1. 依据投资主体进行分类

（1）国有股。国有股是国家持有的股份，代表国家投资的政府机构或部门以国有资产投入形成的股份公司的股票。

（2）企业法人股。企业法人股是企业法人以其依法可支配的资产向其他企业投资而形成的股份，或具有法人资格的事业单位以及其他社团，以国家允许用于经营的资产投资而形成的股份公司的股票。

（3）社会公众股，也称自然人股、个人股。社会公众股包括两种类型：①企业内部职工股，指职工持有本企业内部发行的股票；②社会个人股，是指城乡居民购买股份制企业公开发行的股票。

2. 依据股东权利进行分类

依据股东权利进行分类，主要分为优先股和普通股。

（1）优先股。优先股是与普通股相对应的称呼，是股份公司发行的在分配红利和剩余财产时比普通股具有优先权的股份。优先股也是一种没有期限的有权凭证，优先股股东一般不能在中途向公司要求退股。优先股的主要特征如下：

第一，优先股通常预先约定股息收益率。因为优先股股息率事先固定，所以优先股的股息一般不会根据公司经营情况而增减，而且一般也不能参与公司的分红，但优先股可以先于普通股获得股息，对公司来说，由于股息固定，它不影响公司的利润分配。

第二，优先股的权利范围小。优先股股东一般没有选举权和被选举权，对股份公司的重大经营无投票权，但在某些情况下可以享有投票权。

第三，剩余资产分配优先权。股份公司在解散、破产清算时，优先股具有公司剩余资产的分配优先权。只有还清公司债权人债务之后，有剩余资产时，优先股才具有剩余资产的分配权。只有在优先股索偿之后，普通股才参与分配。

（2）普通股。普通股是优先股的对称，是随着企业利润变动而变动的一种股份，是公司资本构成中最普通、最基本的股份，是股份企业资金的基础部分。普通股的基本特点是投资收益不是在购买时约定，而是事后根据股票发行公司的经营业绩来确定。公司的经营业绩好，普通股的收益就高；而经营业绩差，普通股的收益就低。普通股是股份公司资本构成中最重要、最基本的股份，也是风险最大的一种股份，但又是股票中最基本、最常见的一种。普通股的特点如下：

第一，持有普通股的股东有权获得股利，但必须是在公司支付了债息和优先股的股息之后才能分得。

第二，当公司因破产或结业而进行清算时，普通股东有权分得公司剩余资产，但普通股东必须在公司的债权人、优先股股东之后才能分得财产，财产多时多分，少时少分，没有则只能作罢。

第三，普通股东一般都拥有发言权和表决权，即有权就公司重大问题进行发言和投票表决。普通股东持有一股便有一股的投票权，持有两股者便有两股的投票权。任何普通股东都有资格参加公司最高级会议。

第四，普通股东一般具有优先认股权，即当公司增发新普通股时，现有股东有权优先购买新发行的股票，以保持其对企业所有权的原百分比不变，从而维持其在公司中的权益。

3. 依据上市地点进行分类

按上市地点进行区分主要依据股票的上市地点和所面对的投资者而定。

（1）A股的正式名称是人民币普通股票。它是由我国境内的公司发行，供境内机构、组织或个人（不含台、港、澳地区投资者）人民币认购和交易的普通股股票。

（2）B股的正式名称是人民币特种股票。它是以人民币标明面值，以外币认购和买卖，在境内（上海、深圳）证券交易所上市交易的。它的投资人限于：外国的自然人、法人和其他组织，香港、澳门、台湾地区的自然人、法人和其他组织，定居在国外的中国公民，中国证监会规定的其他投资人。B股公司的注册地和上市地都在境内，只不过投资者在海外或在中国香港、澳门及台湾。

（3）H股，即注册地在内地、上市地点在香港的外资股。香港的英文是 HongKong，取其字首，在港上市外资股就称为 H 股。依此类推，纽约的第一个英文字母是 N，新加坡的第一个英文字母是 S，纽约和新加坡上市的股票就分别称为 N 股和 S 股。

（三）股票投资的特点

第一，股票投资是权益性投资。股票投资与债券投资虽然都是证券投资，但投资的性质不同，股票投资是权益性投资，股票是代表所有权的凭证，持有人作为发行公司的股东，有权参与公司的经营决策。

第二，股票投资的风险大。投资者购买股票后，不能要求股份公司偿还本金，只能在证券市场上转让。因此，股票投资者至少面临两方面的风险：①股票发行公司经营不善所形成的风险；②股票市场价格变动所形成的价差损失风险。

第三，股票投资的收益率高。由于投资的高风险性，股票作为一种收益不固定的证券，其收益率一般高于债券的

第四，股票投资的收益不稳定。股票投资的收益主要是公司发放的股利和股票转让的

价差收益，相对于债券而言，其稳定性较差。

第五，股票价格的波动性大。股票价格既受发行公司经营状况影响，又受股市投机等因素的影响，波动性极大。

（四）股票的价值与估价

1. 股票的价值

股票的价值是股票预期获得的各项未来收益的现金流量现值。未来的收益包括持有股票期间所获得的股利、不想持有股票转让股票获得的价差收益、股份公司的清算收益等。如果股票持有者不准备中途转让股票，股票投资没有到期日，投资于股票所得到收益是股票各期股利的现值。

假定某股票未来各期股利为 D_t（t 为期数 $t=1$，2，3，4，$\cdots$，t），最终出售价为 P_t，i 为期望收益率，则该股票价值 P 为：

$$P = \frac{D_1}{(1+i)^1} + \frac{D_2}{(1+i)^2} + \cdots + \frac{D_t}{(1+i)^t} + \frac{P_t}{(1+i)^t} \qquad (3-3)$$

2. 股票的估价

（1）固定增长型。如果公司的普通股以固定的股利支付给股东以及优先股支付股利，股利固定不变，并且没有到期日。这样的固定股利股票的价值相当于是永续年金。其每股价值如下：

$$P = \frac{D}{i} \qquad (3-4)$$

（2）稳定增长型。如果公司的红利不是固定的，而是稳定增长的，增长率为 g，则每股股利内在价值计算公式如下：

$$P = \frac{D(1+g)}{i-g}(g < i) \qquad (3-5)$$

（3）阶段性增长。在现实生活中，许多公司的股利不会是固定不变的，也不会是永远增长的，一般情况下，都是在某一阶段是增长的，之后公司的股利固定不变。还有些情况是公司一开始快速增长，之后增长速度放慢。对于这类型股票，需要分段计算，才能确定股票的价值。

四、基金投资管理

（一）投资基金的优点

投资基金也称为互助基金或共同基金，是指通过公开发售基金份额募集资本，然后投资于证券的专业投资机构经营运作。投资基金由基金管理人管理，基金托管人托管，以资产组合方式进行证券投资活动，为基金份额持有人的利益服务。

投资基金的最大优点是能够在不承担太大风险的情况下获得较高收益，享受专家理财服务，同时具有资金规模优势。但是，基金投资的缺点也无法避免，如无法获得很高的投资收益，同时在大盘整体大幅度下跌的情况下，投资人可能承担较大的风险。

(二) 投资基金的类型

1. 依据组织形态不同进行分类

依据组织形态不同，可分为契约型基金和公司型基金。

(1) 契约型基金。契约型基金又称为单位信托基金，是指受益人（投资者）、管理人、托管人三方当事人订立合同（契约），由管理人（经理机构）即委托人，成立信托公司，对信托资产进行经营管理；银行或信托公司作为托管人，保管信托资产；受益者（投资人）享有信托公司按照合同约定分配的投资收益，这样的投资基金方式称为单位信托基金。

(2) 公司型基金。公司型基金是按照股份公司方式运营的基金。投资者购买公司股票成为公司股东。公司型基金涉及四个当事人：①投资公司，是公司型基金的主体；②管理公司，为投资公司经营资产；③保管公司，一般由银行或信托公司担任，为投资公司保管资产；④承销公司，负责推销和回购公司股票。

2. 依据基金的运作方式不同进行分类

依据基金的运作方式不同，可分为封闭式投资基金和开放式投资基金。

(1) 封闭式投资基金。封闭式投资基金是根据发起人预先设立的基金份额总额，在基金合同期限内固定不变，基金份额可以在依法设立的证券交易场所交易，但在封闭期内基金份额持有人不得申请赎回基金。

(2) 开放式投资基金。开放式投资基金是基金份额总额不固定，基金份额可以在基金合同约定的时间和场所进行赎回，或者继续购买以增加所持份额的基金。

3. 依据资金募集方式和来源进行分类

依据资金募集方式和来源划分为公募基金和私募基金。

(1) 公募基金。公募基金是以公开发行证券募集资金方式设立的基金。

(2) 私募基金。私募基金是以非公开发行方式募集资金所设立的基金。私募基金面向特定的投资群体，满足对投资有特殊期望的客户需求。

（三）投资基金的价值

"为了实现整体效益的最大化，降低财务管理方面的成本投入，国有基金投资控股企业应当开辟全新的管理模式，积极展开创新，全面提升工作成效。"[①] 投资基金价值的确定采用求取基金资产净值的方法。基金单位净值，也称基金资产净值、单位净资产值，指在某一基金估值时点上，按照公允价格计算的基金资产的总市值扣除负债后的余额，该余额是基金份额持有人的权益。按照公允价格计算基金资产的过程就是基金的估值。这一指标，是评价基金价值的最直观指标。计算公式如下：

$$基金单位净值 = \frac{基金净资产价值总额}{基金单位总份额} = \frac{基金资产总额 - 基金负债总额}{基金单位总份额} \quad (3-6)$$

其中，基金负债中包括以基金名义对外融资时的借款、应付给投资者的分红、应付给基金管理人的报酬、税金等。

基金的报价理论上是由基金的价值决定的。基金资产净值高，基金的交易价格也高。基金通常采用两种报价形式：认购价（卖出价）和赎回价（买入价）。

$$基金认购价 = 基金单位净值 + 首次认购费 \quad (3-7)$$

$$基金赎回价 = 基金单位净值 - 基金赎回费 \quad (3-8)$$

五、证券的投资组合

投资组合是指若干种证券组成的投资组合，其收益是这些证券收益的加权平均数，但是其风险不是这些证券风险的加权平均风险，投资组合能降低非系统性风险。

（一）证券投资组合方法

第一，选择尽可能多的证券进行组合。这是一种最简单的证券投资组合方法。在采用这种方法时，随机选择证券随着证券数量的增加，可分散风险会逐步减少，当购买的数量足够多时，大部分可分散风险的都能分散掉。

第二，1/3法。把风险小、风险中等、风险大的证券放在一起进行组合，这种组合方法又称1/3法。1/3法是指把全部资金的1/3投资于风险大的证券，1/3投资于风险中等的证券，1/3投资于风险小的证券。

---

① 裴瑞. 国有基金投资控股企业的财务管理研究 [J]. 全国流通经济，2023 (04)：48.

一般而言，风险大的证券对经济形势的变化比较敏感。当经济处于繁荣时期，风险大的证券会获得高额收益；当经济衰退时，风险大的证券会遭受巨额损失。相反，风险小的证券对经济形势的变化则不十分敏感，一般都能获得稳定收益，而不致遭受损失。因此，这种1/3的投资组合法，是一种进可攻、退可守的组合法。

第三，把投资收益呈负相关的证券放在一起进行组合。这种组合中，通常会购买投资收益呈负相关的股票。投资收益负相关的股票是指其中一种股票的收益上升，而另一种股票的收益下降的两种股票，称为负相关股票。把这样收益呈负相关的股票组合在一起，能有效分散风险。

（二）证券投资组合策略

1. 保守型

保守型策略认为，最佳的证券投资组合策略是要尽可能地模拟出现有的市场状况，将符合投资者心理的证券尽可能多地放到组合中来，以便分散掉预测中可能存在的风险，以得到市场上所有证券的平均收益值作为组合的收益。保守型策略的优点包括：①能分散掉全部可分散风险；②不需要高深的证券投资的专业知识；③证券投资的管理费比较低。

2. 适中型

适中型策略认为，证券的价格，特别是股票的价格，是由特定企业的经营业绩来决定的。市场上股票价格的一时沉浮并不重要，只要企业经营业绩好，股票价格一定会上升到其本来的价值水平。因为这种投资策略风险不太大，收益却比较高，所以是一种最常见的投资组合策略。

适中型策略的优点是如果分析得好，可获得较高的收益，同时不用承担太大风险。但进行这种组合的人必须具备丰富的投资经验，拥有进行证券投资的各种专业知识。

3. 冒险型

冒险型策略认为，与市场完全一样的组合不是最佳组合，只要投资组合做得好，就能取得远远高于市场平均水平的收益。在这种组合中，一些成长型的股票比较多，而那些低风险、低收益的证券不多。另外，其组合的随意性强，变动频繁。采用这种策略的人，一般都是"探险家"。这种策略收益高、风险大，因此称为冒险型策略。

第三节　项目投资管理与决策评价

一、项目投资的特征及环节

（一）项目投资的基本特征

项目是指为创造某种独特产品或服务的一次性努力。独特是指项目所创造的产品或服务在关键特性上与其他产品或服务有不同之处，由于它是一次性的，因而是独特的。一次性是指每个项目都有开始和结束的时间，每个项目的历时都是有限的，任何一个项目都包含很多创新之处。

项目投资是以特定项目为对象，直接参与新建项目或更新改造项目有关的长期投资行为，从性质上讲，它是企业直接的、生产性的、对内的实物投资，通常包括固定资产投资、无形资产投资、开办费投资、流动资产投资等内容。项目投资是企业内部生产经营资产的长期投资，与短期投资和对外投资相比，它具有以下基本特征：

1. 投资数额大

项目投资一般涉及企业战略布局问题，涉及的金额多达百万元、千万元，甚至数亿元等，其投资所形成的资产占企业总资产的比重相当大，因此项目投资对企业的财务状况和经营成果将产生深远的影响。

2. 投资风险高

因为项目投资所涉及的投资金额较大，历时和影响时间也较为长远，未来收益的不确定性因素较多，所以，项目投资的风险相对较高。投资决策一旦失败，给企业带来的影响是灾难性的。

3. 变现能力差

项目投资一般不打算在1年或超过1年的1个营业周期内变现，而且在1年内或超过1年的1个营业周期内变现能力也较差，因为投资一旦完成，想改变是相当困难的，不是无法实现就是变现能力较差。

4. 影响时间长

作为长期投资的项目发挥作用的时间较长，项目的寿命周期达几年、十几年，甚至是几十年，项目一旦实施，将在未来相当长的时间内对企业的经济活动产生影响。

（二）项目投资的类型划分

1. 相关性投资与非相关性投资

项目投资按其相互关系可分为相关性投资和非相关性投资。

（1）如果某项目的采纳或放弃并不显著地影响另一个项目，则两个项目在经济上是不相关的，两者为非相关性投资。

（2）如果某项目的采纳或放弃会显著地影响另一个项目，则可以说这两个项目在经济上是相关的，如存在因果关系的两个投资项目，就是相关性投资。

2. 战术性投资与战略性投资

项目投资按照其对企业前途的影响可分为战术性投资和战略性投资。

（1）战术性投资是指不对整个企业前途产生重大影响的投资，如为提高劳动生产率而进行的投资、为改善工作环境而进行的投资等。

（2）战略性投资是指对企业全局产生重大影响的投资，如企业增加新产品的投资、企业转产的投资、新的领域的投资等。战略性投资的投资风险较高、所需金额较大、资金回收时间较长。

3. 维持性投资与扩大生产能力的投资

项目投资按照其与生产经营活动的关系可分为维持性投资和扩大生产能力的投资。

（1）维持性投资是为了维持其正常经营，保持现有生产能力而投入的财力，如固定资产的更新投资。

（2）扩大生产能力的投资是企业未来扩大生产规模，增加生产能力，或改变企业经营方向，对企业今后的经营与发展有着重大影响的各种投资。

（三）项目投资的主要环节

项目投资风险大、周期长、环节多、涉及面广，需要考虑众多因素，项目投资需要按照规范的程序进行。从整个项目周期的角度看，项目的投资程序一般包括以下环节：

1. 项目提出

投资项目的提出是项目投资程序的第一步，是根据长远发展战略、中长期计划和投资环境的变化，在把握良好投资机会的情况下提出的，它可由企业管理当局和企业高层管理人员提出，也可由企业各级管理部门和相关部门领导提出。一般而言，企业管理当局和高层管理人员提出的项目投资多是具有战略意义的项目投资或是扩大生产能力的项目投资。而由企业各级管理部门和相关部门提出的项目投资主要是一些战术性项目投资或维持性的项目投资。具有战略意义的项目投资或扩大生产能力的项目投资一般要由企业的战略、市场、生产、财务和物资部门共同参与论证，对于企业各级管理部门和相关部门领导提出的战术性项目投资或维持性项目投资，可由先提出的部门进行论证。

2. 项目评价

投资项目的评价主要包括四项工作：①对提出的项目进行适当分类，为分析评价做好准备；②计算有关项目的建设周期，测算有关项目投产后的收入、费用和经济效益，预测有关项目现金流入和现金流出；③运用各种投资评价指标，对各项投资方案的可行性程度进行排序；④写出详细的评价报告。

3. 项目决策

项目评价后，应按分权管理的决策权限由企业高层管理人员或相关部门经理做出最后决策。投资额较小的战术性项目投资或维持性项目投资一般由部门经理做出决策；金额较大的项目投资一般要由企业最高管理当局或企业高层管理人员做出决策，特别重大的项目投资还需报董事会或股东大会批准。

无论是由哪一级管理人员做出最后决策，决策结论一般可分为三种：①接受这个投资项目，可以进行投资；②拒绝这个投资项目，不能进行投资；③返还给项目提出部门，重新论证后再进行处理。

4. 项目执行

决定对某项目进行投资后，就要积极筹措资金，实施项目投资。在投资项目的执行过程中，对工程进度、工程质量、施工成本和工程预算进行监督、控制和审核，防止工程建设中的舞弊行为，确保工程质量，保证按时完成。

5. 项目的再评价

在投资项目的执行过程中，应注意原来做出的投资决策是否合理，是否正确。一旦出现新的情况，就要随时根据变化的情况做出新的评价。如果情况发生了重大变化，原来投资决策已经变得不合理，那么，就要做出是否终止该投资项目或怎样终止投资的决策，以避免更大的损失。

二、项目投资的现金流量

（一）现金流量的相关概念

现金流量，也称现金流动量，在投资决策中是指一个投资项目引起的企业现金支出和收入增加的数量，它是评价投资方案是否具有财务可行性的一个基础数据。这里的"现金"是广义的现金，不仅包括货币资金，还包括投资项目需要投入的企业现有非货币性资源的变现价值。

在进行现金流量估计时，会涉及很多的变量，涉及许多个人和部门。例如，销售量的预测和销售价格通常由营销部门根据价格弹性、广告效应、经济情况、竞争者反应及消费者偏好的变化趋势来制定。在预测投资项目现金流量时，若能把握与投资项目有关的一些宏观经济数据，如国民生产总值、通货膨胀率等，能提高预测的准确程度。

现金流量包括现金流入量、现金流出量和现金净流量三个具体概念。

1. 现金流入量的内容

现金流入量是指由投资项目引起的企业现金收入的增加额，简称现金流入。对于新建项目来说，现金流入量的内容主要如下：

（1）营业收入。营业收入是指投资项目投产后每年实现的营业收入。它是经营期主要的现金流入项目。营业收入按照项目在经营期内相关产品预计单价和预测销售量进行估算。从会计视角看，按权责发生制计量的营业收入并不是当期的经营现金流入。经营现金流入是当期现销收入和回收前期应收账款的合计数。

（2）出售或报废时长期资产的残值收入。资产出售或报废时的残值收入，是由于当初的投资引起的，应当作为投资项目的一项现金流入。通常，长期资产的残值收入按长期资产的原值乘以其法定净残值率估计长期资产的残值收入或处置时账面价值估算。

（3）垫付的流动资金回收。投资项目出售或报废时，流动资金将回收，回收的流动资金等于各年垫支流动资金投资额的合计数。

2. 现金流出量的内容

现金流出量是指由投资项目引起的企业现金支出的增加额。对于新建项目来说，现金流出量的内容主要如下：

（1）原始投资。原始投资是指企业为使投资项目完全达到设计生产能力、开展正常经营而投入的全部资金，包括建设投资和流动资金投资两项内容。

第一，建设投资。建设投资是指在建设期内按一定生产经营规模和建设内容进行的投资，包括固定资产投资、无形资产投资和其他资产投资等。其他资产投资主要包括筹建费用、试运营费用、职工培训费等。

第二，流动资金投资。流动资金投资是指为维持正常生产经营活动而追加的周转性资金，一般在营业终了时才能收回。通常，流动资金投资发生在建设期期末或经营期期初。

（2）付现成本。付现成本又称经营成本，是指经营期内为满足正常生产经营而运用现金支付的成本费用，是项目在生产经营期最主要的现金流出量。企业的营业成本是由需要当期付现的经营成本和不需要在当期以现金支付的非付现成本两部分组成。付现成本主要包括原材料、燃料、动力、工资、生产设备的日常维护和经营性维修等，非付现成本主要包括固定资产折旧、无形资产及其他长期资产的摊销等。

（3）各项税款。各项税款是指项目投产后依法缴纳的、单独列示的各项税款，包括营业税金及附加、所得税等。在所得税的估算中，由于不再进行利润总额与应纳税所得额的调整。因此，所有非付现成本的估算应符合税法规定。

3. 现金净流量的内容

现金净流量又称净现金流量，是指在项目计算期由每年现金流入量与同年现金流出量之间的差额所形成的序列指标。无论是在经营期内，还是在建设期内都存在净现金流量。当现金流入量大于流出量，净现金流量为正值；反之，净现金流量为负值。

由于项目计算期不同阶段上现金流入与现金流出发生的可能性不同，使各阶段上的净现金流量在数值上表现出不同的特点。一般来说，建设期内的净现金流量的数值为负值或等于零；经营期内的净现金流量则多为正值。

（二）项目现金流量的估算

1. 初始现金流量

初始现金流量，即建设期现金流量，是指从投资建设开始到完工投产这段时间发生的现金流量，是项目的投资支出。在这一时段，项目没有现金流入，只有现金流出。因此，初始现金流量等于负的原始投资，其估算公式如下：

$$NCF_t = - P_t \qquad\qquad (3-9)$$

式中：NCF_t——建设期某年的净现金流量；

P_t——该年的原始投资。

原始投资包括固定资产投资、无形资产投资、其他资产投资和流动资金投资。固定资产投资按项目规模和投资计划所确定的各项建设工程费用、设备购置费用和安装工程费用等来估算。无形资产投资和其他资产投资，根据需要和可能，逐项按有关资产的评估方法和计价标准进行估算。流动资金投资是经营期内长期占用并周转使用的营运资金，又称垫支流动资金或营运资金投资，可以按以下公式进行估算：

$$某年流动资金投资额 = 本年流动资金需用数 - 上年流动资金需用数 \quad (3-10)$$

$$本年流动资金需用数 = 本年流动资产需用数 - 本年流动负债可用数 \quad (3-11)$$

2. 营业现金流量

营业现金流量，又称经营现金流量，是指项目投入生产经营后，在其寿命周期内生产经营所带来的现金流入和流出的数额。

3. 终结现金流量

终结现金流量是指投资项目终结时所发生的现金流量。它主要包括长期资产报废或出售的现金流入、收回垫支的流动资金以及与税法确认的资产残值差异形成的纳税或抵税金额。

按现行税法规定，在大多数情况下，投资项目寿命期末会有相关的纳税支出或收入。这是因为长期资产通常不是按账面价值报废或出售的。在考虑所得税情况下，需要将出售收入扣除账面价值和相关税费后的金额计入当期损益，按照出售收益和计提折旧后的账面价值之间的差额来测算纳税金额。

（三）现金流量估算的要点

在确定投资方案的相关现金流量时，应遵循的基本原则是：只有增量的现金流量才是与项目相关的现金流量。增量现金流量，是指接受或拒绝某个投资方案后，企业总现金流量因此发生的变动。因此，只有那些由于采纳某个项目引起的现金支出增加额才是该项目的现金流出，只有那些由于采纳某个项目引起的现金流入增加额，才是该项目的现金流入。

为正确计算投资方案的增量现金流量，需要正确判断哪些收入或支出会引起企业总现金流量的变动，哪些收入或支出不会引起企业总现金流量的变动。在进行这种判断时，要注意以下方面：

第一，区分相关成本与非相关成本。相关成本是指与特定决策有关的，在分析评价时必须加以考虑的成本。非相关成本是指与特定决策无关，在分析评价时不必加以考虑的成本。

第二，不要忽视机会成本。在投资方案的选择中，如果选择了一个方案，则必须放弃投资其他项目的机会。其他投资机会可能取得的收益是实行本方案的一种代价，被称为这项投资方案的机会成本。机会成本不是一种支出或费用，而是失去的收益。这种收益不是实际发生的，是潜在的。机会成本总是针对具体方案的，离开被放弃方案就无从计量确定。机会成本在决策中的意义在于它有助于全面考虑可能采取的各种方案，以便为既定资源寻求最有利的使用途径。

第三，考虑投资方案对其他部门的影响。当公司采纳一个新的投资项目后，该项目可能对公司的其他部门造成有利或不利的影响。因此，在进行投资项目分析时，应当关注的是新项目实施后对整个公司预期现金流入的影响。这些交互的影响有时是很难准确计量的，但决策者在进行投资分析仍应将其考虑在内。

第四，对净营运资金的影响。在一般情况下，当公司投资一个新项目并使销售额扩大后，对于存货和应收账款等流动资产的需求也会增加，公司必须筹措新的资金以满足这种额外需求；另外，公司扩充的结果，应付账款与其他一些应付费用等流动负债也会同时增加，从而降低公司流动资金的实际需要。

三、项目投资决策评价方法

项目投资决策评价的基本原理是：当投资项目收益率超过资本成本时，企业价值将增加；投资项目收益率低于资本成本时，企业价值将减少。这一原理涉及项目的报酬率、资本成本和股东财富的关系。

项目投资决策是通过一定的经济评价指标来进行的。进行投资项目决策的评价方法有非贴现评价方法和贴现评价方法两类。

（一）非贴现评价方法

1. 会计收益率法

会计收益率法是使用会计收益率作为评价方案优劣指标的一种方法。会计收益率，又称投资利润率，是年平均净收益占原始投资额的百分比。在计算时使用会计的收益、成本观念以及会计报表的利润数据，不直接使用现金流量信息。

会计收益率指标没有客观的基准可以作为评判投资项目财务可行性的依据。通常以行业平均会计收益率或投资人要求的会计收益率作为基准。在不考虑其他评价指标的前提下，只有当会计收益率指标大于或等于基准会计收益率时，投资项目才具有财务可行性。

2. 投资回收期法

投资回收期法是使用回收期作为评价方案优劣指标的一种方法。投资回收期是指投资引起的现金流入累计到与投资额相等所需的时间，代表收回投资所需的年限。回收年限越短，投资方案的流动性越好，风险越小。

投资回收期有包括建设期的投资回收期（记作 PP）和不包括建设期的投资回收期（记作 PP′）两种形式。包括建设期的投资回收期等于不包括建设期的投资回收期加上建设期，即 PP = PP′+S。

使用投资回收期法进行决策必须有一个决策依据，但没有客观因素表明存在一个合适的截止期，可以使公司价值最大化。因此，回收期法没有相应的参照标准。通常，在不考虑其他评价指标的前提下，用小于或等于项目计算期的一半或基准回收期，作为判断投资项目是否具有财务可行性的标准。这一参照标准在一定意义上只是一种主观的臆断。

（二）贴现评价方法

贴现的评价方法，是指考虑资金时间价值的分析评价方法，亦被称为贴现现金流量分析技术，或动态分析法。常用的贴现评价方法如下：

1. 内含报酬率法

内含报酬率法是根据方案本身的内含报酬率来评价方案优劣的一种方法。内含报酬率，又称内部收益率，或内部报酬率，是指能够使未来现金流入量的现值等于未来现金流出量的现值的贴现率，或者说是使投资方案净现值为零的贴现率。

内含报酬率是投资项目本身"固有"的最高可以实现的投资收益率。"固有"是指内含报酬率是投资项目的内生变量，本身不受资本市场利率的影响，而取决于投资项目本身所产生的现金流量，只要确定了预期现金流量，包括各期现金流量规模和持续时间，也就确定了内含报酬率。"最高"是指内含报酬率反映投资项目所能达到的真实收益率，为投资者提供了一个选择期望要求报酬率的上限。

内含报酬率是一个折现的相对量正指标。它从动态的角度直接反映了投资项目实际收益水平，计算不受设定贴现率的影响。只有当内含报酬率大于或等于资本成本或投资人要求的收益率，方案才具有财务可行性。

2. 获利指数法

获利指数法是根据的获利指数来评价方案优劣的一种方法。获利指数，又称现值指数，是指未来现金流入量的现值与现金流出量的现值的比例，或者说是投产后各年净现金流量的现值之和除以原始投资的现值。

获利指数是一个贴现的相对量正指标。它从动态的角度反映了投资项目的资金投入与总产出之间的关系，可以进行独立投资机会获利能力的比较。但它与净现值一样，无法直接反映投资项目的投资收益率。

获利指数可以看成是1元原始投资可望获得的现值净收益。它是一个相对数指标，反映的是投资的效率；而净现值指标是绝对数指标，反映的是投资的效益。只有当投资方案的获利指数大于或等于1，说明其收益超过或等于成本，即投资报酬率超过或等于预定的贴现率，方案才具有财务可行性。

3. 净现值法

净现值法是使用净现值来评价方案优劣的一种方法。净现值是指特定方案在整个项目计算期内每年净现金流量现值的代数和，或者说是特定方案未来现金流入量的现值与未来现金流出量的现值之间的差额。

净现值法所依据的原理是：假设预计的现金流入在年末肯定可以实现，把原始投资看成是按预定贴现率借入的。当净现值为正时，偿还本息后还有剩余的收益。净现值的经济意义是投资方案贴现后的净收益。

计算投资项目的净现值，不仅需要知道与项目相关的现金流量，还必须确定贴现率。在通常情况下，采用企业要求的最低投资报酬率或资本成本作为投资项目预定的贴现率。

净现值是一个折现的绝对量化指标，是项目投资决策评价指标中最重要的指标之一。净现值法考虑了资金的时间价值和整个项目寿命周期的现金流量，能反映投资项目在其计算期内的净收益。从理论上说，它比其他方法更完善，被誉为"理财的第一原则"，具有广泛的适用性。

第四章 企业营运资本与利润管理

第一节 营运资本内容概述

一、营运资本的主要来源

营运资本是指流动资产减去流动负债后的净额。流动资产是指预计在 1 个正常营业周期中变现、出售或耗用，或者主要为交易目的而持有，或者预计在资产负债表日起 1 年内（含 1 年）变现的资产，以及自资产负债表日起 1 年内交换其他资产或清偿负债的能力不受限制的现金或现金等价物等资产。流动资产主要包括货币资金、交易性金融资产、应收及预付款项和存货等。流动负债是指预计在 1 个正常营业周期中清偿，或者主要为交易目的而持有，或者预计在资产负债表日起 1 年内（含 1 年）到期应予以清偿以及企业无权自主地将清偿推迟至资产负债表日后 1 年以上的债务。流动负债主要包括短期借款、应付及预收款项等。

营运资本有三个来源：①非流动负债的增加，如新增长期借款、发行新的债券等；②所有者权益的增加，如股东增加投资、企业获得新增利润等；③非流动资产的减少，如收回长期股权投资、固定资产变卖等。

由于流动负债是将在 1 年或者超过 1 年的 1 个营业周期内要偿还的债务，而非流动资产在 1 年内或者超过 1 年的 1 个营业周期内都不准备变现，因此，流动负债只能以流动资产来偿还。通过将流动资产与流动负债进行对比，可以反映企业偿还短期债务的能力。营运资本越多，说明流动资产用于偿还流动负债后的剩余部分越多，那么企业的短期偿债能力越强，风险越小；营运资本越少，甚至为负，说明流动资产用于偿还流动负债后的剩余部分越少，甚至不足以偿还流动负债，那么企业的短期偿债能力越弱，风险越大。因此，营运资本的管理对于企业的生存、发展具有重要的意义，一个企业的财务主管要将大部分时间和精力放在营运资本的管理上。

二、营运资本规模的相关概念及确定

"营运资本作为企业短期财务管理中不可或缺的部分，是衡量短期偿债能力和管理企业流动性的重要依据，在企业的经营过程中，企业合理的营运资本对投资规模对企业价值的影响举足轻重。"[1] 营运资本规模的大小取决于流动资产总额与流动负债总额的相对大小。因此，在确定营运资本规模之前，应先分析流动资产总额与流动负债总额。

（一）流动资产总额

流动资产总额与企业的经营规模、所处的行业有很大关系。企业规模越大，流动资产总额也就越高。商业贸易型企业流动资产占整个资产的比重往往高于制造型企业。由于流动资产的使用期限短、流动性强、变现快，因此，一般来说，流动资产占资产总额的比例越大，企业不能偿还到期债务及不能应付各种意外情况的可能性下降，企业的风险就越小。从降低风险的角度来看，流动资产占资产总额的比例越大越好。

企业在确定流动资产总额及其结构时，一方面必须与企业的生产经营规模相适应，使企业的生产能力得到充分的利用；另一方面也必须权衡收益与风险，使企业既有足够的偿债能力，又不至于使流动资产闲置浪费，从而降低企业的收益。

（二）流动负债总额

权益资本成本要大于债务资本成本，而在负债资金中，短期借款成本小于长期借款成本，其他应付及预收款项往往是没有成本的，因此流动负债的资本成本往往是最低的。在全部资金中，流动负债占的比例越高，企业长期资金来源占的比重就越低，因而整个资金的成本就会相应降低，企业的收益率就应该越高。

由于流动负债使用的时间较短，面临的偿债风险大于非流动负债，因而提高流动负债的比例，虽然能使全部资金的成本下降，但也使企业无法清偿到期债务的可能性增大。如果企业没有足够的流动资产来偿债，就可能被迫出售非流动资产，这不仅会降低非流动资产的出售价格，而且还会影响企业的正常生产经营；或者企业为了维持正常的生产经营而不得不以高利率借款来偿还到期债务，从而使企业蒙受损失。这样，企业从提高流动负债比例上获得的提高收益率的好处就会被企业承担风险的增加而抵消，甚至带来负面影响。

---

① 李茗. 所有权性质、营运资本规模对企业价值影响研究 [D]. 桂林：广西师范大学，2019.

因此，在确定流动负债总额时，要权衡不同流动负债水平下的收益与风险。

（三）营运资本规模的确定

从理论上讲，只要流动资产大于流动负债，企业就具备短期偿债的能力。因此，营运资本的理论最低规模为零，但这必须以流动资产的变现进度与流动负债的偿还进度完全吻合为前提。如果流动资产的变现进度慢于流动负债的偿还进度，企业就可能遭受到期不能偿债的风险。尽管企业可以通过变卖非流动资产、提前收回长期股权投资或增加股东投入等方法来偿还到期债务，弥补流动资产变现能力的不足，但实际上各种非流动资产都有其特定用途，将其变现不仅当前要付出一定代价，而且对未来的获利能力及偿债能力都会产生很大影响。因此，通过非流动资产变现来偿还流动负债通常是不可取的。随着时间的推移，各种非流动负债也将逐渐转化为流动负债，而这些非流动负债的偿还都必须以企业未来的盈利作为保证。

营运资本的多少，是企业短期偿债能力高低的重要标志。一般而言，营运资本数额越大，企业的短期偿债能力越强；反之则越小。因此，增加营运资本的规模是降低企业偿债风险的重要保障。如果营运资本规模的确定只是为了满足短期偿债的要求，那么营运资本规模应是越大越好。但是，营运资本规模的增加，要求企业必须有更多的长期资金来源用于流动资产占用，从而会增大企业的资本成本，降低获利能力，资本成本的提高与获利能力的降低又反过来使未来的偿债能力下降，偿债风险提高；相反，如果减少营运资本的规模，虽然企业的短期偿债能力下降，但由于有较多的流动负债用于流动资产占用，从而降低企业的资本成本，提高获利能力，资本成本的降低与获利能力的提高又反过来使未来的偿债能力提高。因此，企业营运资本规模的确定，必须在考虑偿债风险的基础上，再考虑成本和收益。

三、企业的流动资产筹资策略

企业的流动资产一部分来源于流动负债等短期资金，另一部分来源于非流动负债、所有者权益等长期资金。营运资本的多少与企业采取的策略有很大关系。总的来说，企业的流动资产筹资策略有以下类型：

（一）稳健型

流动资产占用的资金数量会随着企业内外条件的变化而变化，时高时低，波动很大，尤其是季节性企业更是如此，因此，稳健型的筹资策略主要包括：①对于长期资产及经常性占用的流动资产，如最低的原材料、在产品和产成品储备、最低的现金余额等，用长期资金来融通；②对于临时性占用的流动资产，一部分用长期资金来融通，一部分用短期资金来融通。

采用稳健型的筹资策略，企业大部分资产以长期资金来融通，当临时性占用的流动资产出现高峰时，企业也只需要融通少量的流动负债就可满足需要。因此，这种筹资策略使得企业的营运资本加大，短期偿债的风险下降；但由于长期资金的比例太大，造成企业资本成本上升，从而导致收益下降。

（二）激进型

激进型的筹资策略主要包括：①对于长期资产，用长期资金来融通；②对于经常性占用的流动资产，一部分用长期资金来融通，另一部分用短期资金来融通；③对于临时性占用的流动资产，全部采用短期资金来融通。

采用激进型的筹资策略，企业大部分的流动资产用短期资金来融通。因此，这种筹资策略使得企业的营运资本减少，短期偿债风险加大；但由于短期资金占的比例较大，因而企业的资本成本较低，能增加企业收益。

（三）折中型

折中型的筹资策略主要包括：①对于长期资产和经常性占用的流动资产，用长期资金来融通；②对于临时性占用的流动资产，则用短期资金来融通。折中型的筹资策略是介于稳健型的筹资策略和激进型的筹资策略之间的一种策略。

第二节　企业流动资产与流动负债管理

一、流动资产管理

（一）现金管理

现金是立即可以投入流通的交换媒介。它的首要特点是普遍的可接受性，即可以有效地立即用于购买商品、货物，用于劳务支出或偿还债务。因此，现金是企业中流动性最强的资产。现金包括库存现金、各种形式的银行存款和银行本票、银行汇票等。

1. 持有现金的动机

（1）交易动机。交易动机是指企业为了支付日常业务开支而必须保持现金，如购买原材料、支付工资、管理费用、税款、股利等。尽管企业会经常取得业务收入，但每天的现金收入和现金支出很少同时等额发生，保持一定的现金余额，在现金支出大于现金收入时，就不致中断交易的进行。

（2）预防动机。交易动机是指为了防止意外而必须保持现金。企业现金预算一般是确定正常情况下的现金需要量。预防动机需要现金量的多少，取决于三个因素：①现金收支预测的可靠程度，越可靠，预防现金数量就越小；②企业临时借款的能力，如果能够很容易地借到短期资金，就可以减少预防现金数量；③企业愿意承担风险的程度，如果不愿意承担风险，预防现金数量就要扩大。

（3）投机动机。投机动机是指持有现金以备用于不寻常的购买机会而获得意外利润。除了金融机构和投资公司外，其他企业很少专为投机需要而持有现金，即使是有不寻常的购买机会，也是临时再筹集资金。

2. 现金管理的目标

企业缺少必要的现金将不能应付业务开支，严重的将导致停工待料损失和信用损失，这些损失虽难以准确计量，但造成的影响往往很大。但如果企业持有过量的现金，又会因为这些现金不能投入周转、无法取得盈利而遭受损失。现金是流动性最强的资产，也是获利能力最低的资产。因此，企业应尽可能少地持有现金，即使不将其投入本企业的经营周转，也应尽可能多地投资于能产生高收益的其他资产。企业为了获得最大的利润，既要保持相当的现金，以满足日常业务开支的需要，又要避免现金的闲置浪费。因此，现金管理的目标，就是要在资产的流动性和盈利能力之间做出抉择，以获取最大的长期利润。

3. 现金收支的管理

现金收支或财务收支是资金运动的主要形式。现金支出意味着一次资金运动的开始，现金收入意味着一次资金运动的结束，因此，现金收支是资金循环的纽带。要使现金收支在数量上和时间上相适应和衔接，就必须对它进行管理，进行全面的安排和调度。进行现金收支管理，需要做好以下方面的工作：

（1）完善企业现金收支的内部管理。为了保证企业现金收支不出差错、财产安全完整，需要完善现金收支的内部管理。主要有以下途径：

第一，现金收支的职责分工与内部牵制。这主要是指现金的保管职责与记账职责应由不同人员承担，即出纳和会计不能由同一人担任，业务的执行要由不同职责的人员共同完成，以防止弄虚作假、贪污挪用的情况发生，也有利于减少误差。

第二，现金收支的及时清理。现金的收支应做到日清月结，确保库存现金的账面余额与实际库存余额相符，银行存款结余额与银行对账单余额相符，现金、银行存款日记账数额分别与现金、银行存款总账数额相符。

第三，现金收支凭证的管理。包括强化收据与发票的领用制度，空白凭证与使用过凭证的管理等。

第四，按照国家《现金管理暂行条例》和《银行结算办法》的有关现金使用规定和结算纪律处理现金收支。

（2）制定现金预算方案和按预算安排现金收支。为了有计划地管好用好现金，企业应逐期编制现金预算，并按预算安排现金收支。通过现金预算，可以了解企业各期现金收入和现金支出的情况，从而确定现金结余或短缺的数额及时间，为进一步的投资和筹资提供依据。

（3）运用现金日常管理的策略。现金日常管理的目的在于提高现金使用效率，即在不损害企业信誉、不加大企业财务风险的前提下，加速现金的收款过程和延缓现金的付款时间。为达此目的，可运用以下策略：

第一，力争现金收支同步。如果企业能尽量使其现金收入与现金支出发生的时间趋于一致，就可以使其所持有的交易性现金余额降到最低水平，这就是现金收支同步。为了达到现金收支同步，企业可以重新安排付出现金的时间，也可以适当调整现金收入的时间，尽量使现金收支的数量与发生的时间趋于一致。

第二，加速收款。加快货款收回是减少企业闲置资金数量的重要手段。要加快货款收回工作，必须正确选择结算方式。在采用托收承付和分期收款结算方式时，财务部门要根据预计的货款收回日期或合同约定的收款日期，督促购货单位按时支付货款。如果未能按时收到货款，应向银行查询，并和销售部门密切配合，采取各种办法与购货单位联系催收，个别情况积极进行清理，以免造成长期拖欠，影响资金周转。对于催收无效的购货单位，应按照合同的规定，要求赔偿经济损失。

第三，推迟应付款的支付。除了加速现金收回之外，还应最大限度地延缓现金的支出。延缓现金的支出，必须充分利用卖方在商品交易中所提供的信用条件。

（4）现金考核。为了加强现金收支管理，提高现金使用效率，企业应在经营期末对现金的实际使用情况进行考核，肯定成绩，找出问题，分析原因。因为在企业的现金收入中，销售收入是最主要的部分。在其他条件一定的情况下，某一期间的现金周转率越高，现金的使用效率就越高。

（二）应收账款管理

"在企业经营管理的过程中，良好应收账款的管理状况可以帮助企业提升存货流转速度和促进销售业绩，可以帮助企业更加有效地管理出于市场占有率提升考量而进行的各项经营活动中产生的应收账款。"[①] 应收款项是企业因对外销售产品和材料、提供劳务及其他原因，应向购货单位或接受劳务单位及其他单位收取的款项，包括应收账款、应收票据、其他应收款等。应收款项是企业流动资产的一部分，它相当于企业向客户提供短期贷款，在流动资产的管理上，被看作一项特殊的投资项目。

1. 应收账款作用和成本

应收账款实质上是企业为了扩大产品销路、增加收入而对买方提供的商业信用，这种商业信用的投资是有成本和风险的。企业对应收账款的管理就是要对其应收账款上的投资进行收益与成本的权衡，以便制定出最佳的信用政策与收账政策。

（1）应收账款的作用，主要如下：

第一，增加销售。随着市场经济体系的建立和发展，市场竞争将日趋激烈，为了扩大销售、增加利润，大多数企业都向客户提供商业信用，赊销商品或赊供劳务已成为许多企业采取的一项策略。

第二，开拓新市场。企业为了开拓新的市场，一般都采用较优惠的信用条件进行销售，以求尽快打开市场销路。有利的信用条件已成为许多企业开拓新市场、提高市场竞争能力的工具。

第三，减少存货。企业持有产成品存货，需要支付保管费，还可能发生损耗。如果将存货转化为应收账款，则可避免上述问题，特别是季节性销售的企业，在销售淡季一般都采用较为优惠的信用条件，以减少存货及各种费用支出。

（2）应收账款的成本。持有一定数量的应收账款，必然有成本支出，主要包括以下类型：

第一，持有应收账款的机会成本。应收账款是企业的一项资金垫支，如果不用于应收账款，就可用于其他投资，从而取得一定的利息收入。这种因垫支在应收账款而放弃其他投资所减少的收入，就是应收账款的机会成本。

第二，应收账款的管理成本。主要包括：①客户信用状况调查的费用；②搜集各种信息的费用；③应收账款的核算费用；④应收账款的收款费用；⑤其他管理费用。

---

① 刘德建. 论应收账款管理中内部控制制度的建立 [J]. 中国集体经济, 2023 (29)：150.

第三，坏账损失成本。坏账损失是由于客户违约不支付货款而造成的损失，一般与应收账款的数量成正比。有商业信用，就有可能发生坏账损失。

2. 应收账款的信用政策

企业应收账款的大小通常取决于市场的经济情况和企业的信用政策。市场的经济变化，如经济衰退，客户往往会延期付款，这种应收账款的增加，企业是无法控制的，但企业可通过调整信用政策来调节应收账款的大小，这是企业可以决定的。信用政策，就是通过权衡收益和成本对最佳应收账款水平进行规划和控制的一些原则性规定。要想管好应收账款，必须事先制定合理的信用政策。企业的信用政策包括以下方面：

（1）信用标准。信用标准是指客户获得企业的交易信用所应具备的条件。如果客户达不到信用标准，便不能享受企业的信用或只能享受较低的信用优惠。信用标准反映了应收账款的质量水平，它对于可接受的风险提供了基本的判别标准。企业在设定某一客户的信用标准时，先要评估他的信用状况。信用标准通常用坏账损失率表示，可允许的坏账损失率越低，表明企业的信用标准越低。

（2）信用条件。信用条件是企业规定客户支付赊销款项的条件，包括信用期限和现金折扣两项内容。

第一，如果信用期限延长，表示企业给予客户的信用条件放松，这时原来客户的购买量可能增加，同时还可能吸引新的客户，因此销售量会增加，这是延长信用期限积极的一面；但同时也会带来消极的一面，因为信用期限延长，平均收款期也随之延长，企业在应收账款上的垫支就会增加，并相应增加管理成本和坏账损失成本。

第二，信用期限是企业为客户规定的最长付款时间，如 30 天内付款、60 天内付款等。现金折扣是企业为使买方尽早付款而给予提前付款客户的优惠，通常记为 "2/10，n/30"，表示如果在发票开出之后 10 天内付款，可享受 2% 的折扣，如果超过 10 天并在 30 天内付款，则不享受折扣，全部货款必须在 30 天内付清。

3. 应收账款的收账政策

收账政策是指企业向客户收取逾期尚未支付的应收账款的程序，也就是指企业的信用条件未被遵守时，企业采取什么行动进行收账。应收账款发生后，企业应采取各种措施，尽量争取按期收回款项，否则会因拖欠时间过长而发生坏账，使企业遭受损失。这些措施包括对应收账款回收的监督、对坏账损失的事先准备和制定适当的收账政策。

（1）应收账款回收的监督。企业已发生的应收账款时间有长有短，有的尚未超过收款期，有的则超过收款期。一般来讲，拖欠时间越长，款项收回的可能性越小，形成坏账的可能性越大。对此，企业应实施严密的监督，随时掌握回收情况。实施对应收账款回收情况的监督，可以通过编制账龄分析表的办法实现。

账龄分析表可以反映有多少应收账款在信用期内，有多少超过了信用期。如果应收账款在信用期内，欠款是正常的，但到期后能否收回，只有到时才知，因而及时监督是有必要的。如果应收账款超过了信用期，但超过时间较短，那么收回这部分欠款的可能性还是很大的；超过时间较长的应收账款，收回就有一定难度；超过时间很长的应收账款，就有可能成为坏账。对超过信用期不同时间的应收账款，应采取不同的收账方法，制定出经济可行的收账政策；对可能发生的坏账损失，则应提前做好准备，充分估计这一因素对损益的影响。

（2）坏账损失的准备。坏账损失是指企业不能收回应收账款而发生的损失。按现行财务制度规定，坏账的确认有三个条件：①债务人单位撤销，依照民事诉讼法清偿后，确实无法追回的应收款项；②因债务人死亡，既无遗产可供清偿，又无义务承担人，确实无法收回的应收款项；③因债务人逾期未履行偿债义务，超过 3 年仍然不能收回的应收账款。

在市场经济条件下，企业之间因商业信用而发生不能收回的应收账款是不可避免的，因此，提前对其做好准备就显得非常必要。现行企业会计制度规定，企业应当定期或者至少于每年年度末时，对应收款项进行全面检查，预计各项应收款项可能发生的坏账，对于没有把握能够收回的应收款项，应当计提坏账准备。

（3）收账政策制定。收账费用是制定收账政策时需要考虑的重要因素。收账费用通常包括收账所花的邮电通信费、派专人收款的差旅费和不得已时的法律诉讼费用等。如果其他情况都相同，在一定范围内，收账费用花得越多，收账措施越有力，可收回的账款就越多，坏账损失就越少，平均收账期也就越短。

企业制定收账政策时应权衡利弊，如果企业的销售额同收账方面付出的努力无关，即无论收账费用为多少，销售额是不变的，那么在确定适宜的收账费用水平时，只需要将收账费用与应收账款的机会成本和坏账损失之间进行权衡。

二、流动负债管理

（一）短期借款管理

1. 短期借款的分类

短期借款是指企业向银行和其他非银行金融机构借入的、期限在一年以内的借款。银行借款按是否需要抵押品分为抵押借款和非抵押借款两种。

（1）抵押借款。抵押借款又称"担保借款"，是指需要以借款企业某些资产作为偿债担保的一种借款。对信用不好、财务状况较差的企业贷款，银行往往要求有抵押品担保或由第三者担保。银行通过控制抵押品，可以降低贷款风险。在一般情况下，抵押品总值应大于贷款金额，银行贷款的安全程度主要取决于抵押品的价值大小和它的变现能力，抵押品价值越大，变现能力越强，出售时可能获得的现金就越多，贷款就越安全，企业获得的贷款金额占抵押品价值的比例也就越高。如果企业不能履行还款义务，银行可出售抵押品，以其销售收入归还贷款。短期抵押借款的抵押品以流动资产最合适，最常见的是应收款和存货。

（2）非抵押借款。非抵押借款又称"无担保借款"，是一种不需要抵押品的借款。实际上它是企业凭借自身的信誉从银行取得的借款，所以这种贷款一般只发放给信誉好、规模大的企业。非抵押借款是大企业短期资金的重要来源，通常运用于季节性增加的应收账款和存货上。

申请非抵押借款时，需要将企业近期的财务报表、现金预算和预测报表等资料送交银行，银行根据这些资料对企业的风险和回报进行分析后，决定是否向企业贷款，并拟定具体的贷款形式。

借款期限以预定的托收货款收回期为准。预定的托收货款收回期的长短主要取决于凭证的传递时间、承付日数、双方开户银行办理手续所需日数等因素。

2. 短期借款的成本

短期借款的成本包括借款利息、手续费、抵押品的保管费等。其中借款利息是最主要的部分。银行贷款利率的高低视申请借款企业的财务状况及信誉等级而定，利率分为以下类型：

（1）基本利率。基本利率是指银行给实力雄厚、财务状况好、信誉佳的企业发放贷款时收取的利息率，是银行向企业贷款收取的最低利率。银行向这类企业贷款风险小，因此要求的利率也较低。

（2）高于基本利率的利率。银行在给一般企业贷款时，所要求的利率高于给实力雄厚的企业贷款的利率，银行对一般企业贷款要收取高于基本利率的利率，它是在基本利率的基础上加上一定的百分比。

银行贷款利率可以采用固定利率，也可以采用浮动利率。固定利率是指在整个贷款期内利率不变；浮动利率则是基本利率不断随市场利率的变动而变动，贷款利率随基本利率的波动而上下波动。

3. 短期借款的优点

（1）资金来源充足。银行资金充足，实力雄厚，能随时为企业提供较多的短期贷款，对于季节性和临时性的大量资金需要，采用银行借款尤为方便；对于规模大、信誉好的大企业，更可以随时以基本利率借入大量资金。

（2）弹性好。银行借款具有较好的弹性，可在资金需要增加时借入，在资金需要减少时还款，特别是信用额度借款和循环信贷协定为企业的资金借入和归还提供了更大的弹性。

（二）商业票据管理

商业票据是指企业间根据购销合同进行延期付款的商品交易时，由收款人或付款人（或承兑申请人）签发，由承兑人承兑，并于到期日向收款人或被背书人支付款项的票据。

1. 商业汇票的使用条件

商业汇票一般在相应情况下使用：①应付款项的展延，购货方因资金配置不合理，应付账款到期不能偿付，或是信誉不佳，销货方为了加强应收款的索取权，会要求购货方出具票据；②销货方对购货方的信用不了解或购货方信用不佳，不被销货方所信任，如以前购货方曾多次有拖欠款项的现象；③赊销较高价值的商品时，为减少坏账损失，也经常采用商业汇票结算方式。

2. 商业汇票的类型划分

商业汇票根据承兑人不同，可分为商业承兑汇票和银行承兑汇票两种。

（1）商业承兑汇票。商业承兑汇票是由收款人签发，经付款人承兑，或由付款人签发并承兑的汇票。付款人须在汇票正面签署承兑字样并加盖预留银行印章后，交给收款人。收款人或执票人将要到期的商业汇票送交银行办理收款，付款人应于汇票到期前将票款足额交存开户银行，以便银行在到期日凭票将款项划给收款人或执票人或贴现银行。

（2）银行承兑汇票。银行承兑汇票是由收款人或承兑申请人签发，并由承兑申请人向开户银行申请，经银行审查同意承兑的票据。申请人持银行承兑汇票、购销合同和银行承兑契约向开户银行申请承兑，银行审查并同意承兑后，与承兑申请人签订承兑契约，并在汇票上盖章后由承兑申请人转给收款人，并收取承兑手续费。承兑申请人应于汇票到期前将票款足额交存其开户银行，如未足额交存票款，承兑银行除凭票向收款人无条件支付外，要按契约规定对承兑申请人扣款，未扣回的承兑金额要收取逾期贷款罚息。收款人应在汇票到期时，将汇票送交开户银行办理收款。由于有银行参与，因此银行承兑汇票的信誉程度比商业承兑汇票高。

第三节　企业利润的规划与构成

一、企业利润的规划

为了保证利润目标的实现，须对目标利润进行合理的规划和控制，确定影响利润的基本因素，寻找增加利润的各种途径，不断提高企业利润水平。

（一）本量利分析

本量利分析就是分析成本、业务量和利润三者之间的关系。本量利分析是建立在成本按习性分类的基础上的，为此，先分析成本习性。

1. 成本习性分析

成本习性是指成本总额与业务量之间的依存关系。在这里"业务量"是指企业的生产经营活动水平的标志量，可以是产出量也可以是投入量；可以使用实物度量、时间度量，也可以使用货币度量。当业务量变化以后，各项成本有不同的形态，大体上可以分为以下类型：

（1）固定成本。总额在一定时期和一定业务量范围内不受业务量增减变动影响而固定不变的成本，叫固定成本。属于固定成本的主要有折旧费、租金、保险费、管理人员工资、办公费等，这些费用每年的支出水平基本相同，在业务量变动的一定范围内是固定的。由于固定成本总额不随业务量变动，因而当业务量增加时，单位产品固定成本会下降。

（2）变动成本。总额同业务量的总量呈同比例增减变动的成本，叫变动成本。属于变动成本的主要有直接材料、直接人工、生产用水电费等，这些费用的支出水平随着业务量的增减而成比例同步增减。变动成本总额随业务量增加而增加，但单位产品变动成本不变。

变动成本总额也只是在一定的业务量范围内与业务量完全呈同比例变化，业务量超出了一定范围时，这种线性关系就不存在了。例如，一种新产品刚投入生产时，由于批量小，工人不熟练，直接材料和直接人工耗费都可能较多；随着产量的增加以及工人熟练程度的提高，直接材料和直接人工耗费都可能下降，这时变动成本总额不一定与产量完全呈同比例变动，而是表现为小于产量增减幅度；在这以后，生产过程比较稳定，变动成本与产量呈同比例变动；但当产量超过一定程度后，再大幅度增产可能会出现一些新的不利因素，使成本的增长幅度大于产量的增长幅度。

（3）混合成本。有些成本虽然也随业务量的变动而变动，但不成同比例变动，不能简单地归入固定成本或变动成本，这类成本称为混合成本。混合成本可以分解成固定成本和变动成本两部分。

2. 本量利的关系

根据成本习性，可以将成本分成固定成本、变动成本和混合成本，而混合成本又可以分解成固定成本和变动成本。当把销售收入和利润加进来时，成本、业务量和利润之间的关系就可以用下面的公式表示：

$$利润 = 销售收入 - 总成本 \qquad (4-1)$$

（二）盈亏平衡分析

盈亏平衡分析是本量利分析的一项基本内容，亦称保本分析。它主要是分析企业在某种业务量情况下的安全程度及盈亏平衡点。

1. 安全边际

安全边际是指正常销售量（额）超过盈亏平衡点销售量（额）的差额，它表明销售量（额）下降多少企业仍不致亏损。由于安全边际是绝对数，不好比较，因此，企业生产经营的安全性通常用安全边际率来表示，即安全边际与正常销售量（额）的比值。安全边际率的数值越大，企业发生亏损的可能性越小，抵抗风险的能力越强，企业就越安全。安全边际率是相对指标，便于不同企业和不同行业的比较。

2. 盈亏平衡点

盈亏平衡点就是企业销售收入与总成本相等时的经营状态，即边际贡献等于固定成本时企业所处的既不盈利又不亏损的状态。通常用一定的业务量来表示这种状态。对于生产单一产品的企业，盈亏平衡点可用销售量表示，也可用销售额表示；而对于生产多种产品的企业以及商业和服务业来说，盈亏平衡点只能用销售额或营业额表示。

（三）变动分析

变动分析是指本量利发生变动时相互影响的定量分析，它是本量利分析中最常用的一项内容。变动分析主要研究两个问题：①分析实现目标利润所需的产销量、成本和价格条件；②产销量、成本和价格发生变动时，预测其对利润的影响程度。

1. 实现目标利润

根据本量利之间的数量关系可以看出，影响利润的因素有单价、单位变动成本、销售量、固定成本。当企业确定了目标利润，根据本量利之间的关系，企业可以通过提高产品销售价格、降低成本、合理安排产销量来实现目标利润。

在现实经济生活中，影响利润的一个因素发生变动，往往使其他因素也会发生相应的变动。如为了提高产量，需要增加生产设备，相应增加折旧费等固定成本，与此同时，为了把产品顺利销售出去，有时又需要降低售价或增加广告费等固定成本。因此，企业很少采取单项措施来提高利润，而是采取综合措施实现目标利润，这就需要综合计算和反复试算平衡。

2. 敏感性分析

敏感性分析就是考察影响利润的各有关因素单独发生变动时对利润造成的影响程度。进行敏感性分析时，是假定其他因素保持不变，仅就单个因素的变动对利润的影响所做的分析。反应敏感程度的指标是敏感系数，敏感性分析提供了各因素变动对利润的影响大小和方向，使经营者认识到各因素的重要意义，知道未来重点应控制的因素是什么，并努力去发现有用的信息，及时采取对策，调整企业计划，促使生产经营活动朝着有利于增加利润的方向变化。

二、企业利润的构成

（一）营业利润的构成

1. 营业收入

营业收入是指企业在从事销售商品、提供劳务和让渡资产使用权等日常经营业务过程中取得的收入，分为主营业务收入和其他业务收入。

（1）主营业务收入是指企业为完成其经营目标从事的经常性活动实现的收入，是企业按照营业执照上规定的主营业务内容所发生的营业收入。如工业企业制造并销售产品、商业企业销售商品、保险公司签发保单、咨询公司提供咨询服务、软件开发企业为客户开发软件、安装公司提供安装服务、商业银行对外贷款、租赁公司出租资产等实现的收入。

（2）其他业务收入是指与企业为完成其经营目标从事的经常性活动相关的活动实现的收入，如工业企业对外销售不需要的原材料、对外转让无形资产使用权等实现的收入。

2. 营业成本

营业成本是指企业在从事销售商品、提供劳务和让渡资产使用权等日常经营业务过程中发生的成本。按照制造成本法，企业的产品成本核算到制造成本为止。

3. 销售费用

销售费用是指企业在销售商品和材料、提供劳务的过程中发生的各种费用，包括企业在销售商品过程中发生的保险费、包装费、展览费、广告费、商品维修费、预计产品质量保证损失、运输费、装卸费等以及为销售本企业商品而专设的销售机构的职工薪酬、业务费、折旧费、固定资产修理费等。

4. 管理费用

管理费用是指企业为组织和管理企业生产经营所发生的各种费用，包括企业在筹建期间内发生的开办费、董事会和行政管理部门在企业的经营管理中发生的或者应由企业统一负担的公司经费（包括行政管理部门职工薪酬、物料消耗、低值易耗品摊销、办公费和差旅费等），工会经费，董事会费（包括董事会成员津贴、会议费和差旅费等），聘请中介机构费，咨询费（含顾问费），诉讼费，业务招待费，房产税，车船使用税，土地使用税，印花税，技术转让费，矿产资源补偿费，研究费用，排污费以及企业生产车间和行政管理部门等发生的固定资产修理费等。

5. 财务费用

财务费用是指企业为筹集生产经营所需资金等而发生的筹资费用，包括利息支出（减利息收入）、汇兑损失（减汇兑收益）以及相关的手续费、企业发生的现金折扣或收到的现金折扣等。为购建固定资产的专门借款所发生的借款费用及在固定资产达到预定可使用状态前按规定应予资本化的部分，应计入有关固定资产的构建成本，不包括在财务费用范围内。

6. 投资收益

投资收益是指企业从事各项对外投资活动取得的收益扣除其发生的损失以后的净收益，包括长期股权投资中按照应享有或应分担被投资单位实现净利润或发生净亏损的份额或者被投资单位宣告分配的现金股利或利润中，投资企业应享有的部分；采用公允价值模式计量的投资性房地产的租金收入和处置损益；企业处置交易性金融资产、交易性金融负债、可供出售金融资产实现的损益；企业的持有至到期投资和买入返售金融资产在持有期间取得的投资收益和处置损益；证券公司自营证券所取得的买卖价差收入等。

7. 资产减值损失

资产减值损失是指当企业资产的可收回金额低于其账面价值时企业计提各项资产减值准备所形成的损失。资产可收回金额的估计，应当根据其公允价值减去处置费用后的净额与资产预计未来现金流量的现值两者之间较高者确定。计提资产减值准备的资产主要有应收账款、存货、长期股权投资、固定资产、在建工程、无形资产等。

8. 营业税金及附加

营业税金及附加是指由营业收入补偿的各种税金及附加费,主要包括营业税、消费税、资源税、城市维护建设税和教育费附加等。

9. 公允价值变动收益

公允价值变动收益主要是指交易性金融资产以及其他以公允价值计量的资产和负债由于公允价值变动形成的收益。如果企业取得该金融资产主要是为了近期出售或回购,如企业以赚取差价为目的从二级市场购入的股票、债券、基金等,应当划分为交易性金融资产;或者属于衍生工具,如国债期货、远期合同、股指期货等,其公允价值变动大于零时,应将其相关变动金额确认为交易性金融资产。其他以公允价值计量的资产包括存在活跃的交易市场、能够取得市场价格的投资性房地产。

(二) 利润总额的构成

1. 营业外收入

营业外收入是指企业发生的与日常活动无直接关系的各项利得。营业外收入并不是由企业经营资金耗费所产生的,不需要企业付出代价。营业外收入主要包括:①固定资产处置利得;②无形资产出售利得;③非货币性资产交换利得;④债务重组利得;⑤政府补助;⑥盘盈利得;⑦捐赠利得等。

2. 营业外支出

营业外支出是指企业发生的与日常活动无直接关系的各项损失,主要包括:①固定资产处置损失;②无形资产出售损失;③非货币性资产交换损失;④债务重组损失;⑤公益性捐赠支出;⑥非常损失;⑦盘亏损失等。

(三) 净利润的构成

净利润是指利润总额减去所得税费用后的剩余部分,也是属于企业所有者的那部分收益,又称税后利润,其计算公式如下:

$$净利润 = 利润总额 - 所得税费用 \qquad (4-2)$$

上式中,应纳税所得额是指企业每一纳税年度的收入总额,减除不征税收入、免税收入、各项扣除以及允许弥补的以前年度亏损后的余额。依照《中华人民共和国企业所得税法》以及《中华人民共和国企业所得税法实施条例》，企业以货币形式和非货币形式从各种来源取得的收入为收入总额，包括销售货物收入，提供劳务收入，转让财产收入，股息、红利等权益性投资收益，利息收入，租金收入，特许权使用费收入，接受捐赠收入等。

减除的项目如下：

第一，不征税收入。不征税收入包括财政拨款，依法收取并纳入财政管理的行政事业性收费、政府性基金等。

第二，免税收入。免税收入包括国债利息收入，符合条件的居民企业之间的股息、红利等权益性投资收益，以及符合条件的非营利组织的收入等。

第三，各项扣除。各项扣除是指企业实际发生的与取得收入有关的、合理的支出，包括成本、费用、税金、损失和其他支出，准予在计算应纳税所得额时扣除。

第四，允许弥补的以前年度亏损。企业纳税年度发生的亏损，准予向以后年度结转，用以后年度的所得弥补，但结转年限最长不得超过5年。

我国所得税法规定，在计算应纳税所得额时，相关支出不得扣除：①向投资者支付的股息、红利等权益性投资收益款项；②企业所得税税款；③税收滞纳金；④罚金、罚款和被没收财物的损失；⑤赞助支出；⑥未经核定的准备金支出；⑦与取得收入无关的其他支出。

第四节　企业利润的分配管理

一、企业税后利润的分配顺序

"利润分配在企业中起到杠杆作用，它对正确处理企业与各方面的经济关系，调动各方面的积极性，促进企业发展有着极其重要的意义。"[1] 利润分配既关系到企业与企业所有者之间的利益关系，又关系到企业的筹资、投资以及今后的发展，它是财务管理的一项重要内容。个人独资企业和合伙企业的生产经营所得和其他所得，按照国家有关税法规定，由投资人或合伙人分别缴纳所得税。公司的税后利润，根据我国《中华人民共和国公司法》（以下简称《公司法》）的规定，按照下列顺序分配：

---

[1]　刘凤菊. 浅谈经济时代企业财务利润分配管理 [J]. 知识经济, 2012 (20)：132.

（一）弥补公司以前年度亏损

公司的法定公积金不足以弥补以前年度亏损的，在依照规定提取法定公积金之前，应当先用当年利润弥补亏损。公司发生的年度亏损可以用下一年度的税前利润等弥补。下一年度利润不足弥补的，可以在 5 年内延续弥补。5 年内不足弥补的，用税后利润等弥补。弥补的亏损包括以前年度所有的亏损，税前弥补和税后弥补主要反映在当年缴纳的所得税的不同上。

（二）提取法定公积金

法定公积金按照当年税后利润扣除弥补公司以前年度亏损后的 10% 提取。法定公积金累计额为公司注册资本的 50% 以上的，可以不再提取。公司的公积金用于弥补公司的亏损、扩大公司生产经营或者转为增加公司资本。但法定公积金转为资本时，所留存的该项公积金不得少于转增前公司注册资本的 25%。

（三）提取任意公积金

公司从税后利润中提取法定公积金后，经股东会或者股东大会决议，还可以从税后利润中提取任意公积金。任意公积金是公司自行决定提取的，并非法律强制规定要求的，对其提取比例、用途等《公司法》均未做出规定，而是交由章程或者股东会决议做出明确规定。

（四）支付股利

公司弥补亏损和提取公积金后所余税后利润，有限责任公司，除了全体股东另有约定外，按照股东实际缴纳的出资比例分取红利；股份有限公司，除了公司章程另有规定外，按照股东持有的股份比例分配。

二、股利支付方式及程序

股利，是指公司依照法律或章程的规定，按期以一定的数额和方式分配给股东的利润。在股利分配的规定上，一般贯彻"无盈不分"的原则，即公司当年无盈利时，原则上不得分配股利。

（一）股利支付的主要方式

1. 现金股利

现金股利是以现金支付的股利，它是股利支付的主要方式。我国上市公司股利分配方案中的"派"，就是指现金股利或称"派股息"。公司支付现金股利除了要有累积盈余外，还要有足够的现金。这种股利支付方式会减少公司股东权益的账面价值。

2. 财产股利

财产股利是以现金以外的资产支付的股利，主要是以公司的产品或公司所拥有的其他企业的有价证券，如债券、股票，作为股利支付给股东。

3. 股票股利

股票股利是公司以增发的股票作为股利的支付方式。我国上市公司股利分配方案中的"送"，就是指股票股利或称"送红股"。公司支付股票股利并不直接增加股东的财富，不导致公司资产的流出或负债的增加，因而不是公司资金的使用，同时也不因此而增加公司的财产，它相当于原有股东将分配的利润用于公司的再投资。因此，这种股利支付方式不会减少公司股东权益的账面价值，但会导致股东权益各项目的结构发生变化。西方国家通行的做法是以市价计算股票股利价格，即发放股票股利后股本和资本公积增加，未分配利润减少。

4. 负债股利

负债股利是公司以负债支付的股利，通常以公司的应付票据支付给股东，在不得已的情况下也有发行公司债券抵付股利的。

财产股利和负债股利实际上是现金股利的替代。我国《公司法》没有明确规定公司股利的支付方式。从目前来看，我国股份公司的股利支付方式主要是现金股利、股票股利或是两者的结合，很少使用财产股利和负债股利。

（二）股利支付程序的日期

股份有限公司向股东支付股利，要经历一定的程序。这一程序主要包括以下重要日期：

1. 股权登记日

股权登记日就是有权领取本次股利的股东资格登记截止日期。只有在股权登记日或之前在公司股东名册上登记的股东，才有权分享本次股利。在此日之后才取得股票的股东则无权分享本次股利。

2. 股利宣告日

股利宣告日就是公司董事会将股利分配方案予以公告的日期。公司的股利分配一般由董事会提出预案，经股东大会讨论通过后，登报正式对外公告。

3. 除息除权日

除息除权日就是除去股利的日期。在除息除权日当天或以后购买股票者将无权分配最近一次股利。如果一个新的股东想取得最近一次股利，必须在除息除权日之前购买股票，否则无权分配股利。在我国，通常将除去现金股利的日期称为"除息日"，除去股票股利的日期称为"除权日"，同时除去现金股利和股票股利的日期称为"除息除权日"。

4. 股利支付日

股利支付日就是将股利正式发放给股东的日期。公司从这一天开始的几天内，便签发每一股东应得股利数额的支票寄给股东。在我国，上市公司支付给股东的股利在支付日这天自动划转到股东账户。

三、股利理论、政策与股票

股利政策是指公司在支付股利方面所采取的方针政策。股利政策主要涉及公司对其收益进行分配或留存以用于再投资的决策问题。较高的股利意味着只能留存较少的资金用于再投资，这必然会限制企业未来的增长速度，从而影响股票价格。因此，公司在制定股利政策时，应当兼顾公司未来发展对资金的需要和股东对本期收益的要求，以实现股东财富最大化的财务目标。

（一）股利分配理论

在股利分配对公司价值的影响这一问题上，存在以下不同的观点：

1. 股利无关论

美国著名财务专家默顿·米勒和弗兰克·莫迪格利尼（以下简称 MM）在 1961 年 10 月发表的《股利政策、增长和股票价值》的论文中指出，股利政策对公司的股票价格没有影响。他们认为股利政策与公司价值无关，公司价值只由公司本身的获利能力和风险组合决定，因而它取决于公司的资产投资政策，而不是收益的分配与留存的比例情况。在一系列特定的假设条件下，假如某一公司发给股东较高的股利，那么它就必须发行更多的股票，其数额正好等于公司支付的股利。MM 是在以下假设条件下提出的理论：

（1）不存在任何个人或公司所得税。

（2）不存在任何股票发行或交易费用。

（3）投资者对1元股利和1元资本利得没有偏好。

（4）公司的资本投资政策独立于其股利政策。

（5）关于未来的投资机会，投资者和管理者可获得相同的信息。

MM假定是不够严谨的，因为公司的投资者实际上都必须缴纳所得税，公司必须承担发行费用，投资者必须承担交易费用，而且管理者得到的信息总要强于外部投资者，因此MM的股利无关论在现实中可能不是有效的。

2. 税差理论

尽管现行税法规定资本利得与股利收入的税率相同，但由于股利所得税在股利发放时征收，而资本利得税在股票出售时征收，对于股东来说，资本利得具有推迟纳税的效果。因此，尽管两种股票的税前期望收益率相同，但税后期望收益率不同，资本利得率高、股利收入率低的股票，其税后期望收益率会大于资本利得率低、股利收入率高的股票。

考虑到纳税的影响，投资者对具有较高股利收入的股票要求的税前收益率要高于较低股利收入的股票。因此税差理论认为，股利收入比资本利得的税率高，或者即使相等，但由于资本利得具有递延纳税的作用，因此只有采取低股利支付率的政策才有可能使公司价值最大化。

（二）股利政策

不同的股利理论得出的结论是互相冲突的，在股利分配的实务中，公司经常采用的股利政策如下：

1. 剩余股利政策

剩余股利政策主张公司税后利润在满足投资需求后的剩余部分才作为股利发放。股利政策受投资机会及所需资金的可得性两者共同影响，这就导致了剩余股利支付理论的发展。该理论阐述了公司在决定其股利发放率时，必须遵循四个步骤：①确定最优资本预算；②确定为此预算的需要所应筹集的权益数额；③最大可能地利用留存收益来满足这一权益数额的需要；④只有在其收益满足最优资本预算需要还有剩余的情况下才发放股利。

大多数公司都有一个目标资本结构。由于留存收益的资本成本小于发行股票的资本成本，因此当公司有好的投资机会时，为了保持目标资本结构，从而使加权平均资本成本最低，公司应尽可能利用留存收益。只有在留存收益不能满足投资需要时，才向外发行新股。

2. 稳定增长股利政策

稳定增长股利政策是将每年发放的股利固定下来，并在较长的时期内保持不变，只有当公司确信未来收益将足以维持新股利的时候才宣布增加股利。但在通货膨胀的情况下，大多数公司的收益会随之提高，且大多数股东也希望公司能提供足以抵消通货膨胀不利影响的股利。因此在长期通货膨胀的年代里，大多数奉行固定股利政策的公司转而实行稳定增长的股利政策，即公司制定目标股利年增长率，每年股利都在上一年股利的基础上增长。

3. 低正常股利加额外股利政策

正常股利有时又称为"股息"，一般是固定的，且数额较低。这一股利政策是指公司每年都按期支付固定的正常股利，然后再根据公司经营情况决定在年末是否追加一笔额外分红。这一政策既赋予公司一定的灵活性，使公司盈利较少或投资需用较多资金时，仍可使投资者的最低股利收入得到保证；又可在公司盈利较多时，使股东分得较多股利。如果一个公司的收益及现金流量变动相当大，那么这种政策也许是最佳选择。根据这一政策原理，公司可以制定一个比较低的固定股利——低得足以使公司在最低盈利年份或需留存较多收益的年份也能够负担；而在资金丰裕的情况下，则可支付一些额外分红。

（三）股利政策的影响因素

1. 法律因素

为了维护与公司股利分配有关的各方经济利益，各国的法律对公司的股利分配顺序、分配比例、资本保全、留存收益限额等方面都有所规范，公司必须在法律许可范围内进行股利分配。这些法律上的约束通常有以下方面：

（1）资本保全。各国法律都要求公司在支付股利时要保全资本，即规定公司不能用资本发放股利。我国《公司法》规定，股东会、股东大会或者董事会违反规定，在公司弥补亏损和提取法定公积金之前向股东分配利润的，股东必须将违反规定分配的利润退还公司。这一规定从利润分配的程序上保证了资本的完整性。

（2）公司积累。一些国家法律规定公司必须按净利润的一定比例提取公积金。我国《公司法》规定，公司分配当年税后利润时，应当提取利润的 10% 列入公司法定公积金。公司法定公积金累计额为公司注册资本的 50% 以上的，可以不再提取。这一规定限制了向投资者进行利润分配的部分。

（3）净利润。各国法律都规定，公司的利润必须在弥补全部亏损之后才可发放股利。这种规定往往是为了鼓励公司积累资本。

（4）超额累积利润。由于一般对资本利得征税较低，有些公司通过积累利润，使股价上涨，从而帮助股东避税，因而有些国家又规定公司不得超额累积利润，对不合理的留存收益征收惩罚性税收。但是我国法律对公司累积利润只是规定公司法定公积金累计额为公司注册资本的50%以上的，可以不再提取，并未对超额留存收益做出限制和征税。

2. 股东因素

公司在制定股利政策时不能不考虑股东的要求，股东从自身需要出发，对公司的股利分配会产生以下影响：

（1）稳定的收入和避税。一些依靠股利维持生活的股东，往往要求公司支付稳定的股利，若公司留存较多的利润，将受到这部分股东的反对。一些高股利收入的股东又出于避税的考虑，往往反对公司发放较多的股利。

（2）控制权的稀释。公司发放较多的股利就会导致留存收益减少，如果公司有好的投资机会，势必要增发新股，从而导致原有股东控制权的稀释。因此，股东为了维持他们在公司的控制权，宁愿不分配股利。

3. 公司因素

（1）盈利的稳定性。盈利是公司支付股利的前提，盈利稳定的公司在选择股利政策时比较灵活，而盈利不稳定的公司一般只能采取低股利政策，以减少股价大幅波动的风险。

（2）资产的流动性。资产的流动性也就是指资产的变现能力。较多地支付现金股利，会减少公司的现金持有量，使资产的流动性降低，从而偿债能力降低。因此，资产流动性强、现金充足的公司，现金股利支付可多一些。

（3）举债能力。支付现金股利后，公司的举债能力会下降，严重的可能会导致破产。因此，举债能力弱的公司应少支付股利。

（4）投资机会。拥有良好投资机会的公司，往往将利润的大部分用于投资，从而减少了股利的支付额。高速成长中的公司多采用低股利政策，而发展减慢、缺乏良好投资机会的公司则采取高股利政策。

（5）资本成本。留存收益的资本成本比发行股票低，且不会增加公司财务危机成本。因此，为了使公司资本成本最低、价值最大，当公司需要扩大资金规模时，应当采取低股利政策。

（6）偿债需要。公司如果有债务到期，既可通过借新债、发行新股筹集资金还债，又可直接用留存收益还债。当外部筹资有困难或资本成本较高时，就只能依靠留存收益，这时股利支付将会减少。

（四）股票分割与股票回购

1. 股票分割

股票分割是指将面值较高的股票分割成面值较低股票的转变过程。股票分割后，发行在外的股数增加，使得每股面值降低，每股收益下降，但股东权益总额及其各项目的金额不会改变。这与发放股票股利的情况既有相同之处，又有不同之处。相同之处在于它们都使发行在外的股数增加，每股收益下降，但股东权益不变；不同之处在于股票分割降低了每股面值，而股票股利不改变每股面值，股票分割不会改变股东权益各项目的金额，而股票股利会导致股东权益各项目金额的改变。

对于公司来讲，实行股票分割的主要目的在于通过增加股票数量来降低每股市价，从而吸引更多的投资者。此外，股票分割是成长中公司的行为，所以股票分割传递的是有利信息，通常只有前景良好的公司才进行股票分割，此时投资者往往相信该公司每股收益会继续大幅增加。

对于股东来讲，股票分割后各股东持有的股数增加，但持股比例不变，持有股票的总价值不变。由于股票分割降低了每股市价，因而有利于股票的流通和增加投资者购买的兴趣。另外，股票分割传递了一种有利信息，这些都有利于股价的上升，从而增加股东财富。

尽管股票分割与发放股票股利都能达到降低公司股价的目的，但一般来讲，只有在公司股价急剧上升时才采用股票分割的办法降低股价；如果公司股价上涨幅度不大，则往往通过发放股票股利来维持股价。

2. 股票回购

股票回购是指公司出资购回其发行在外股票的行为。公司购回的股票被作为库藏股，公司发行在外的股数将因此减少。如果回购不会对公司收益产生不良影响，那么发行在外股票的每股收益将有所增加，从而导致股价上涨，股东获得资本利得。因此，股票回购可以看作现金股利的一种替代方式。

第五章 财政概论与税收原理

第一节 财政的产生发展与职能

一、财政的产生发展

(一) 财政的含义、产生与发展

1. 财政的含义

财政一词中的财，通常被定义为钱和物资的总称，在现代经济社会里，可以用货币资金来总括；政则是管理众人之事，是政府运用财并通过策和方法来实现政事的一种管理活动。因此，政是有管理、有目的的经济活动。所谓有管理，即其活动有法律规范，并符合管理的一般原则。所谓有目的，即全面安排国计民生，实现国家的对内、对外职能，特别是经济职能，以达到其政治、经济目的。从这种意义上说，财政就是政府管理众人之财，并通过对财政的分配和运用来实现众人之事。不过，财是货币资金，但又不仅限于货币资金，人力、物力均包括其中。政府是国家权力机关的执行机关，即国家行政机关。因此，更进一步地说，财政是以国家为主体，通过货币资金调动人力、物力，以实现国家职能的各项经济活动。

2. 财政的产生与发展

"现代化新征程上，财政必须发挥好稳定经济、应对重要公共风险、提供优质公共服务和促进全体人民共同富裕的基石作用。"[①] 从人类社会发展过程来看，财政是一种政府的经济活动。对财政的产生与发展可以从以下角度进行研究与分析：

---

① 刘昊，崔春晓，陈工. 中国式现代化新征程中的财政职能与政策实施 [J]. 地方财政研究，2023 (07)：54.

（1）财政是一个经济范畴。研究财政活动也是把财政作为一种经济活动来进行研究的。社会的经济活动表现为由生产、分配、交换和消费四个环节所组成的连续不断、周而复始运动的社会再生产过程，并阐述了社会再生产四个环节之间的内在联系和社会再生产实现的条件和形式。社会的经济活动表现为完整的社会再生产过程。财政之所以是一个经济范畴，主要是由于财政本身是一个分配范畴，而分配又是社会再生产四个环节之一，是社会再生产不可缺少的一个重要环节。从这个意义上说，作为分配活动的财政是一个经济范畴。

（2）财政是一个历史范畴。从人类社会发展历史来看，国家是人类社会发展到一定阶段的产物，因此，以国家为主体凭借社会政治权力参与社会产品分配的财政，也不是从来就有的，财政分配活动是人类社会发展到一定阶段的产物。

随着人类社会的发展特别是生产力的发展，社会经济活动出现了很大的变化。冶铁技术的出现使劳动工具得到了极大的改善，劳动工具的改善又使得获取的社会产品逐步增加，除了满足社会成员最低限度的需求之外，出现了剩余产品。生产工具的改善也使得原本需要很多社会成员共同参加的社会生产活动通过少数或者个别成员的劳动就可以实现。劳动工具逐步由氏族共有转化为个别社会成员所有。社会分工的出现促进了以交换为目的的经济活动的产生和发展。在所有这些因素的共同作用下，特别是剩余产品的出现，逐步产生了私有制。私有制的产生使得人类社会出现了阶级的分化，形成了占有生产资料和剩余产品的阶级和不占有生产资料和剩余产品的阶级，最早出现的是奴隶阶级和奴隶主阶级。

（二）财政的基本特征

财政是一种政府的经济活动，也是一种特殊的分配。财政分配的主体是国家，参与分配的依据是社会的政治权力，分配的对象是社会剩余产品，分配的目的是提供公共产品、满足社会公共需要并使政府经济领域的经济活动与市场经济领域的经济活动相协调，保持整个社会再生产过程的协调运行。财政是以国家为主体，凭借政治权力，为满足社会公共需要而参与社会产品分配所形成的政府经济活动，并通过政府经济活动使社会再生产过程相对均衡与协调，实现社会资源优化配置、收入公平分配以及国民经济稳定与发展的内在职能。财政的基本特征主要表现在以下方面：

1. 财政是国家的经济活动

财政学是将财政作为经济范畴加以研究的。社会生产活动所创造的社会产品必然分解为两个部分：①社会产品以按生产要素分配的形式分配给生产要素的提供者，通过生产要素提供者的交换与消费活动形成社会再生产过程，这种经济活动是市场经济领域的经济活动，其主体是生产要素的拥有者与投入者，其目的是提供私人产品满足整个社会的私人个别需求。②社会产品则以政治权力参与分配的形式分配给国家，通过政府的交换与消费活动参与整个社会的再生产过程，这种经济活动是政府经济领域的经济活动，其主体是国家，其目的是提供公共产品满足整个社会的公共需要。这种以国家为主体的政府经济活动就是财政。

市场经济领域的经济活动和政府经济领域的经济活动是两种完全不同的经济活动。它们的主体不同，目的不同，运行规则也不相同。

从主体来看，市场经济活动的主体是生产要素的拥有者和投入者，即现实经济生活中的企业和居民，而政府经济活动的主体则是政府。因此，在一个完整的社会再生产活动中，政府、企业和居民共同构成了社会经济活动的主体。

从目的来看，市场经济活动的目的是提供私人产品满足社会的私人个别需求，而政府经济活动的目的则是提供公共产品满足社会的公共需求。作为一个完整的社会再生产活动，只有私人个别需求和社会公共需求同时得到满足，社会再生产才能够顺利进行。

从运行规则看，市场经济活动具有竞争性和排他性的特征，而政府经济活动则具有非竞争性和非排他性的特征，从而形成了不同的规则。

2. 平衡性

平衡性是财政的重要特征。财政的平衡就是要在社会经济运行中合理安排财政收入与财政支出在量上的对比关系，使财政收入与财政支出之间保持相对的均衡。为满足财政支出的需要，财政收入应在一定的经济发展水平和一定的税收制度下做到应收尽收和收入的最大化。而财政支出则应考虑现时条件下财政收入的制约，不能脱离供给的可能为社会提供公共产品。不仅必须考虑政府经济领域的财政收入与财政支出的平衡性，还必须与市场经济领域的运行相结合来考虑市场经济领域和政府经济领域整体上的平衡性。

在一定时期内受多种因素的制约，社会产品总会有一定数量的限制，即一定量的社会产品如果政府经济领域配置过多，则市场经济领域的配置就会减少。既然政府经济领域与市场经济领域共同构成了社会完整的经济活动，就必须使两者相对均衡，并通过政府经济领域经济活动的安排使整个社会再生产保持相对均衡。

3. 阶级性与公共性

财政是政府的经济活动，这种经济活动的主体是国家，其目的是提供公共产品满足社会的公共需要。正因为如此，财政必然具有阶级性和公共性的双重特征。

（1）从阶级性来看，财政是政府的经济活动，其主体是国家。而国家是统治阶级镇压被统治阶级的工具，政府则是执行和实现统治阶级意志的权力机构。财政作为政府的经济活动，必然要符合统治阶级的最高权益，政府必然要通过财政分配活动使统治阶级的最高利益最终得以实现。从这个意义上说，任何国家财政都具有阶级性。

（2）从公共性来看，政府经济活动的阶级性并不能排斥政府经济活动的公共性。财政分配是公共性与阶级性的有机结合。国家政权的存在本身就是以执行某种社会职能为基础的，这种社会职能本身就具有公共性。国家的生存与发展需要良好的社会秩序，从而使社会成员都能够在这种良好秩序中生存。这就必然需要一种凌驾于社会各种权力之上的公共权力，通过公共权力约束其他权力拥有者的社会行为，使其在社会秩序范围内行事。这种社会秩序是政府经济活动提供的，也具有明显的公共性。

4. 强制性与无偿性

（1）强制性是财政的重要特征，这源于财政参与分配的依据是国家的政治权力。社会产品的提供必然通过市场经济领域和政府经济领域共同完成。市场经济领域的分配是社会产品的一般分配，分配的依据是生产要素的投入。生产要素的拥有者将自身拥有的生产要素投入生产过程中，进而凭借这种投入参与社会产品的分配。生产要素的拥有者对其所拥有的生产要素具有所有权，而所有权是市场经济领域中的重要权能。政府经济领域的分配是一种再分配，分配的依据是政治权力而非生产要素的投入。政治权力是一种强制性的权力，它必然凌驾于所有权之上。

（2）无偿性是财政的又一重要特征，它与强制性是相辅相成的。国家凭借政治权力征税以后，相应的社会产品所有权即转为国家所有，国家不必为此付出任何代价，也不必直接偿还。这便是财政的无偿性，是价值的单方面的转移和索取。事实上，正是由于财政具有无偿性特征，才需要强制性，强制性是无偿性的保证，没有强制性也就没有无偿性的存在。由于社会产品的所有者将自身拥有的社会产品的一部分以税收形式交付给政府以后，其所有权即转为政府所有，政府并不直接偿还，因此，必须要有一种政治上的强制力，否则不会有任何人愿意将自己所有的社会产品转交给政府。

财政无偿性的存在来源于公共产品本身提供的无偿性。由于公共产品具有不可分割的特点，人们享受公共产品的利益并不为其支付费用，因而公共产品提供的代价不可能通过有偿收费的方式弥补，这就要求提供公共产品要有稳定无偿的收入来源。社会成员缴纳税收时是无偿的，国家并没有直接偿还的义务，纳税后当社会成员享受公共产品的利益时，也不需要为此付出代价。

（三）市场经济与公共财政

1. 市场经济与公共财政的关系

财政这个词本身就已经具有公共性的特征。财政作为一种政府的经济活动，就是为了提供公共产品以满足社会公共需要而进行的分配活动。这种公共产品的提供事实上具有非竞争性与非排他性的特点，满足的需求也是一种社会的公共需要。因此，凡财政活动必然具有一定的公共性。从这个意义上说，财政与公共财政并没有本质的区别。在不同的经济运行模式下会有不同的经济运行机制，也会有不同的财政运行模式。同样，不同财政运行模式下的财政运行机制会有很大的区别。从这个意义上讲，公共财政的概念以及公共财政模式下的财政运行机制与传统经济体制下的财政模式及其运行机制有着明显的区别。

公共财政可以看作与市场经济体制相适应的财政运行模式。在市场经济体制中，社会经济活动被区分为政府经济活动和市场经济活动两个性质完全不同的领域。在市场经济领域中的资源配置由市场在国家宏观调控下发挥基础性作用，在竞争性与排他性的作用下充分发挥市场资源配置高效率的特点，进而全面提高社会资源配置的效率。而财政主要在政府经济领域中发挥作用，为社会提供公共产品满足社会公共需要，同时通过财政政策的制定和运用，矫正市场失灵问题，协调社会再生产的顺利运行。因此，市场经济体制下的财政主要是为社会提供公共产品以满足社会公共需要的财政，是弥补和解决市场失灵的财政。

2. 构建公共财政的基本思路

（1）理顺政府与市场的关系，解决越位与缺位并存的问题。理顺政府与市场的关系，解决越位与缺位的并存，实际上是要明确地界定公共财政的基本职责，这是构建公共财政框架的基础。在计划经济体制下不存在市场机制，政府经济领域与市场经济领域实际上是合一的，都处于国家的指令性计划控制之下。政府的活动不仅涉及政府经济领域，而且涉及市场经济领域。政府不仅负责公共产品的提供以满足整个社会的公共需求，而且负责私人产品的提供以满足整个社会的私人需求。与这种经济体制相适应，计划经济不仅要为整个政府经济领域配置资源，而且要为市场经济领域配置资源，这就与市场经济体制下公共财政的职责发生了很大的矛盾。

公共财政模式下的财政职责应当主要是为社会提供公共产品以满足社会的公共需要并矫正竞争性领域出现的市场失灵。这种职责具体可以表现在以下方面：

第一，真正保证国家机器正常运转所需要的经费需求。这是完全的公共产品，必须由政府提供，包括国防、行政管理、公安、司法等。

第二，真正保证社会事业发展对经费的需要。这是典型的混合产品，除其中一部分可由市场提供外，主要应由政府提供，包括义务教育、基础科研、公共卫生和社会文化等。

第三，真正保证提供社会再生产公共条件的经费需要。这也是典型的混合产品，除可由市场提供的部分外，主要应由政府提供，包括铁路、桥梁、供水、供电、供气等。

第四，真正保证矫正市场失灵，实现调控社会再生产协调运行的经费需要，主要包括调节社会分配不公、建立社会保障制度以及调节由于市场自发运行所导致的宏观经济周期波动等所需的资金。除上述各项之外，纯粹的市场经济领域的资源配置应由市场发挥基础性作用。

（2）建立符合公共财政要求的财政支出体系。社会公共需要是通过财政支出来满足的。从这个意义上说，建立公共财政支出体系应当是构建公共财政框架的基础环节。公共财政支出体系的构建必须以公共财政的职责为基础，以"公平优先，兼顾效率"为原则，以满足社会公共需要为目标。在此基础上，公共财政支出体系应涵盖以下方面：

第一，从公共财政支出范围来看，公共财政支出范围应当受公共财政基本职责的制约。在明确政府与市场关系的前提下，对公共财政基本职责范围内的经费需要必须给予保证。公共财政支出的重点应当主要包括国防和行政管理支出、社会公共事业支出、社会基础设施支出、社会保障支出以及宏观调控支出等。这些支出有些是为了满足纯粹的社会公共需要，其资源只能由政府配置；也有一些虽然是混合产品，但具有较强的外部效应，具有社会再生产公共条件的含义，如果完全交由市场提供会出现问题，应由财政给予必要的配置；还有一些支出是为维系稳定和协调社会再生产顺利运行所必不可少的财政支出。

第二，从公共财政支出手段来看，应当根据财政支出具体内容和性质上的差别加以灵活选择。应当将财政购买性支出与转移性支出综合运用，将政府的经常性拨款与贴息、补贴、税收支出等手段综合运用，以发挥不同支出手段的不同作用。同时，在经费支出管理中充分运用政府采购和国库集中支付等手段，全面提高财政支出的效益。

（3）构建符合公共财政要求的公共财政收入体系。财政取得收入可以有不同的形式，财政以何种手段取得收入必须与公共财政的要求相适应。在计划经济体制中，政府不仅作用于政府经济领域的经济活动，而且直接控制和介入市场经济领域的经济活动。与此相适应，财政取得收入的主要形式实际上是国有企业上缴利润。这种形式本身的依据是国有生产资料的所有权而非国家的政治权力。进入市场经济体制之后，公共财政的主要职责转变为社会提供公共产品以满足社会公共需要上来，必然要求财政收入的形式由凭借生产资料所有权的利润上缴形式，转变为凭借国家政治权力的税收形式。所谓与公共财政的要求相适应，就是指财政收入形式应当符合公共财政基本职责的要求，符合公共财政支出特点的要求。

（4）构建完善的财政宏观调控体系。公共财政除了为社会提供公共产品满足社会公共需要之外，还具有弥补市场失灵、协调社会再生产顺利运行的职责。因此，构建公共财政框架还必须建立起完善的财政宏观调控体系。

市场经济体制下，政府对经济的调控与计划经济体制下政府对经济的调控完全不同。

第一，在计划经济体制下，政府直接控制着整个社会的经济活动，不仅负责公共产品的提供，还负责私人产品的提供。政府经济活动与市场经济活动完全统一在国家的指令性计划当中，因此，根本不存在政府宏观调控的概念，或者说国民经济计划是政府控制经济运行的唯一手段。计划财政只是根据国家指令性计划为社会经济活动提供资金的工具。

第二，在市场经济体制中，竞争性领域的资源配置由市场发挥基础性的作用。由于市场失灵的存在，市场在高效配置资源的同时也会出现问题，出现经济的周期性波动，这就需要政府对国民经济的运行进行干预，实施必要的宏观调控。而财政政策就是政府宏观调控国民经济运行的重要政策手段之一。政府运用财政政策对国民经济运行实行调控是公共财政区别于计划财政的重要内容之一。公共财政模式下的财政宏观调控体系主要由预算政策、税收政策、公共支出政策、政府投资政策、财政补贴政策以及公债政策等组成，从而形成了完整的财政调控的政策体系。预算政策是财政宏观调控政策的核心，其他政策围绕和通过预算政策发生作用。财政通过预算政策合理安排财政收支的对比关系，形成预算结余或预算赤字，从而影响社会总供给和总需求，使国民经济保持相对均衡，使社会再生产得以顺利进行。其他政策则从不同的方面影响财政收入或财政支出，进而影响收支的对比关系，实现对国民经济的宏观调控。

（四）计划经济与国家财政

在计划经济体制下，国家作为国有生产资料的所有者，直接控制着社会再生产过程。无论是政府经济领域的经济活动，还是市场经济领域的经济活动，都处于国家指令性计划的控制下。国家不仅作用于政府经济领域，而且完全作用于市场经济领域；不仅提供公共产品，而且提供私人产品。财政则成为国家通过指令性计划为社会配置资源的重要工具，生产任务由国家计划下达，企业按国家指令性计划生产，所需生产资料由财政通过基本建设拨款无偿提供，生产所需流动资金由财政通过流动资金拨款全额拨付，生产的产品由国家包销，盈亏则由国家统负，所有利润上缴财政，出现的亏损由财政弥补。

企业只是国家的附属生产单位而不是独立的商品生产者实体。在长期的计划经济体制中，财政实际上是一种国家通过指令性计划控制整个社会经济活动和再生产全过程的财政。这种财政实际上是一种计划财政，其最大特点就是不仅负责为政府经济活动配置社会资源，也为市场经济活动配置资源；不仅负责公共产品的提供以满足社会公共需要，而且负责私人产品的提供以满足社会私人的个别需要。

在市场经济中，财政或公共财政可称为政府经济。换言之，政府所应提供的只是公共产品。政府既包括中央政府即国家，也包括地方政府。于是，就有了中央财政或国家财政以及地方财政。相应地，国家财政又可称为国家经济。在中国的计划经济时期，财政亦称国家财政，它不但是中央财政和地方财政的总称，而且也是计划经济体制下的财政思想国家分配论的体现，既包括公共财政，又包括私人财政，其主要手段是计划，其结果是政企不分，市场机制没能得以发挥作用，财政资金使用效率不高。由此可见，市场经济体制下的公共财政与计划经济体制下的国家财政，无论是在财政思想上，还是在财政预算的范围、方法和手段上，都是有着本质区别的。

二、财政的基本职能

财政的职能表现为财政范畴内在固有的功能，但这种内在固有的功能在不同的财政模式中会有不同的表现。换言之，计划财政有计划财政的职能，公共财政有公共财政的职能。公共财政的职能与计划财政的职能是不同的，因为计划经济与市场经济的运行模式不同，经济运行机制不同，财政活动的领域也不相同。不区分计划财政与公共财政的差异，将计划经济下财政的职能简单套用在市场经济的公共财政中是不可取的。因此，研究公共财政的职能必须以市场经济体制中政府与市场的关系为基础，说明在市场经济体制所决定的政府与市场的关系下财政内在固有的功能。在社会主义市场经济条件下，财政的职能主要包括以下方面：

（一）资源配置职能

1. 资源配置职能的必然性

资源配置，是指有限的社会资源在不同经济领域、不同地区、不同产业、不同部门以及不同行业间的分配比例。资源是短缺和有限的，因此，只有通过有限资源在不同经济领域、不同地区、不同产业、不同部门以及不同行业分配比例的变化，才能达到社会资源的最佳配置，取得最大的资源配置效率。

资源配置问题是一个十分复杂的问题，无论是计划经济体制还是市场经济体制都存在资源配置问题，只不过在两种不同的经济体制中资源配置的方式有所不同。

（1）在市场经济体制中，由于政府经济活动和市场经济活动都要消耗社会资源，社会资源必须被同时配置在政府经济领域和市场经济领域两个领域中，因此，不仅市场具有资源配置的职能，财政也同样具有资源配置的职能。从整体上看，财政的资源配置与市场的资源配置是相辅相成的，两者资源配置的机制完全不同。市场必须为社会提供私人产品以满足整个社会的私人个别需求。在私人产品提供和私人个别需求满足的过程中，必然要消耗社会资源，因此，一部分社会资源必须通过市场机制在竞争性领域中配置，而市场在资源配置中通过竞争性与排他性的机制可以得到较高的效率。

（2）在市场经济条件下，一部分社会资源必须由财政配置，财政必然具有内在的资源配置职能。

第一，公共产品的提供要求一部分社会资源必须由财政配置，政府经济活动就是要为社会提供公共产品以满足社会的公共需要。由于公共产品具有非竞争性和非排他性的特点，具有较为明显的外部效应，在公共产品提供的过程中，不存在自身等价交换的补偿机制，因此，公共产品在一般情况下不可能依靠市场提供，市场机制在公共产品资源配置中不起作用。在这种情况下，公共产品的提供只能依靠财政。政府通过财政分配活动为公共产品配置相应的社会资源。

第二，弥补市场失灵也需要一部分社会资源由财政配置。市场在竞争性领域中的资源配置是高效率的，但市场在资源配置中存在着市场失灵，可能会出现社会资源的损失和浪费、社会再生产过程的垄断、通货紧缩和通货膨胀、市场价格信息的扭曲以及社会收入分配的不公等现象。因此，需要政府对市场经济领域进行干预，矫正市场的失灵。

2. 资源配置职能的实现手段

（1）预算手段。运用预算手段是指通过国家预算合理安排财政收入和财政支出的规模，确定财政收入和财政支出占国内生产总值的比重，合理确定财政赤字或结余，进而影响社会总供给和总需求的相对均衡，保证社会再生产的顺利进行。国家预算是财政安排资源配置最基本的手段。

（2）收入手段。运用收入手段，主要包括：①合理安排财政收入的数量和收入的形式，确定财政占有社会产品的规模；②完善税收制度和税收的征收管理，协调流转税和所得税之间的关系，发挥它们不同的作用；③规范政府的收费行为，合理确定税收与收费之间的比例关系；④协调公债的发行规模，选择合理的公债发行方式与偿还方式，完善公债市场，发挥公债的作用。组织财政收入的过程也就是政府占有社会产品的过程，运用财政收入手段能够为财政配置社会资源提供基础和保证。

（3）支出手段。合理安排财政支出是财政配置社会资源的主要手段。运用支出手段主要包括：①合理安排财政支出规模，进一步优化财政支出结构，通过财政支出结构的优化和调整实现财政资源配置结构的优化；②应将财政支出的重点逐步转移到提供公共产品以满足社会公共需要上来；③合理确定购买性支出与转移性支出的比重，合理确定投资性支出与消费性支出的比重；④综合运用政府投资、公共支出、财政补贴、政府贴息、税收支出等多种支出形式，全面实现财政资源配置的优化。

（4）提高财政资源配置的效率。财政的资源配置无疑应当坚持"公平优先，兼顾效率"的原则，必须强调财政资源配置在维系社会公平中的不可替代的作用。在公平优先的原则下，必须兼顾财政资源配置的效率，既要注意财政资源配置的社会效率，又要注重财政资源配置自身的效率，应当针对不同性质的财政支出，运用不同的方法对支出效率进行分析和评价。

（5）合理安排政府投资的规模和结构，保证国家的重点建设。政府投资规模和结构主要是指预算内投资规模和结构，应保证重点建设，这在产业结构调整中起着重要作用，这种作用对发展中国家有着至关重要的意义。

（二）收入分配职能

1. 收入分配职能的必然性

收入分配职能是指通过财政分配活动实现收入在全社会范围内的公平分配，将收入差距保持在社会可以接受的范围内。收入分配职能是财政的最基本和最重要的职能。在社会再生产过程中，既存在着凭借生产要素投入参与社会产品分配所形成的社会初次分配过程，又存在着凭借政治权力参与社会产品分配所形成的社会再分配过程。初次分配是市场经济领域的分配活动，财政再分配则是政府经济领域的分配活动。两个领域收入分配的原则与机制是完全不同的，在收入分配中如何处理公平与效率的关系也不相同。

市场经济领域中的初次分配，贯彻的是"效率优先，兼顾公平"的原则。在一般情况下，对公平的理解主要是社会产品分配结果的公平。但结果的公平本身，受制于起点的公平和规则及过程的公平。没有起点的公平和规则及过程的公平，不可能真正实现结果的公平。市场经济之所以坚持效率优先，原因如下：

（1）市场经济中的初次分配依据的是生产要素的投入，生产要素的拥有者将自身拥有的生产要素投入到生产过程中，并凭借这种生产要素的投入参与生产结果的分配。而社会成员对生产要素拥有的数量与质量都不相同，这种起点的不同必将影响到结果分配的不同，这实际上就是起点的不公平。在这种情况下，市场经济领域的初次分配不可能强调结果分配的公平，市场经济有可能做到规则和过程的公平，但无法做到结果的公平。

（2）市场经济具有竞争性。在竞争性的作用下，资源利用效率比较低的企业有可能通过破产机制被淘汰，其利用的资源也会向资源利用效率较高的企业集中。这种竞争对市场主体来说是生与死的竞争。在生与死的竞争压力下，市场经济主体必须提高资源利用效率，将效率放在首位，没有一定的效率就没有生存的机会。

财政再分配必须坚持"公平优先，兼顾效率"的原则，将社会公平放在第一位，调整市场经济初次分配过程中出现的过大的收入分配差距，进而实现社会的稳定。这种以公平优先为原则的收入分配是市场经济本身无法实现的。主要原因包括：①财政参与社会产品分配的依据并不是生产要素的投入而是国家的政治权力，政治权力对每一个社会成员来说都是共同的，这就使得财政分配的起点比较公平；②国家政治权力是强制的，强制取得的收入就应当无偿用于全体社会成员；③财政提供的是公共产品，满足的是社会公共需要，而公共需要是全体社会成员无差别的需要，表现出明显的公共性；④财政分配的主体是国家，国家和政府的出发点与市场的出发点有明显的区别，市场应更多地考虑竞争和生存，而国家和政府则应更多地考虑社会的稳定。

2. 收入分配职能的实现手段

（1）区分市场分配和财政分配的界限。在一般情况下，属于市场经济领域的分配，应交由市场初次分配去完成，应当承认市场初次分配中收入分配差距拉大的合理性，以促进市场资源配置效率的提高，进而提升整个社会经济活动的效率。属于政府经济领域的收入分配，则应由财政完成，通过公共产品的提供来全面提升全体社会成员的福利，实现收入分配公平。

（2）制定法律保证规则和过程的公平。在市场经济体制中政府应当起到裁判员的作用。市场经济是竞争的，但竞争应当是有秩序的，这种市场竞争的秩序主要应通过政府制定竞争规则来实现。市场经济本身无法做到起点的公平，但政府必须通过规则的制定，保证市场经济规则和过程的公平。竞争规则制定之后，对每一位市场竞争主体都是一视同仁的，都是公平的，从而根本上杜绝了依靠不正常手段获取暴利。

（3）加强税收调节。税收调节是从收入角度调节社会收入分配的重要手段。市场经济在竞争的作用下必然出现收入分配差距的拉大，政府应当承认这种差距的合理性，但政府不能任由这种收入分配差距拉大。政府可以通过税收对各方的收入进行调节。财政既可以通过间接税调节各类商品的价格，从而调节各种生产要素的收入，又可以通过累进个人所得税，调节社会成员的收入水平，对较高收入群体课以较高的税，体现出区别对待的政策。

（4）规范工资制度。规范工资制度是指由国家预算拨款的政府机关公务员的工资制度和视同政府机关的事业单位职工的工资制度。凡应纳入工资范围的收入都应纳入工资总额，取消各种明补和暗补，提高工资的透明度；实现个人收入分配的货币化和商品化；适当提高工资水平，建立以工资收入为主、工资外收入为辅的收入分配制度。

（5）完善转移支付体系。通过转移支付制度调节社会收入分配是财政的支出政策。一般理论认为，支出政策在调节收入分配中比收入政策更为有效，副作用更小。财政可以通过社会保障制度建设、发放失业救济金、制定城市最低生活费制度、进行住房补贴等方式，加大对低收入群体的支持，使其能够维持一般的生活水平，从而维系整个社会的稳定，提升全体社会成员的福利。

（三）稳定与发展职能

1. 稳定与发展职能的必要性

稳定与发展职能，也可以称为财政的宏观调控职能，是指利用财政政策通过财政活动矫正市场失灵，引导社会力量共同参与社会治理，进而保证社会总供给与总需求的相对均衡，促进社会再生产协调运行，推进经济、政治、文化、社会、生态"五位一体"建设，促进社会各地区协同发展。社会再生产的协调运行，实际上也就意味着整个国民经济的稳定与发展。财政的稳定与发展职能与财政的资源配置职能和收入分配职能不同，财政的资源配置职能和收入分配职能是两个基本的职能，而稳定与发展职能则是建立在这两个职能充分发挥作用的基础上的派生职能。稳定与发展职能是在资源配置与收入分配职能发挥的过程中实现的，没有资源配置和收入分配职能的发挥，就没有稳定与发展职能的实现。如果说资源配置职能与收入分配职能是在微观领域发生作用的话，稳定与发展职能则更多的是在宏观领域中发挥作用。

经济稳定通常包括充分就业、物价稳定和国际收支平衡三个方面，这三个方面都会影响社会总供给和社会总需求的平衡。在一般情况下，如果做到充分就业、物价稳定和国际收支平衡，社会总供给和总需求之间就是相对均衡的，社会再生产就可以顺利进行，整个国民经济也就相对稳定。充分就业并非指就业人口的全部就业，而是指可就业人口就业率达到社会经济状态可以承受的最大比例；物价稳定并非意味着物价绝对不动，而是指物价上涨幅度维持在不影响社会经济正常运行的范围内；还应当看到总供给与总需求的平衡，不仅会受国内因素的影响，在开放的社会中还受国际收支的影响。因此，在开放社会中，一国的经济往来应维持经常性收支项目的大体平衡。

2. 稳定与发展职能的实现手段

（1）确定宏观调控的整体目标。经济稳定与发展的整体目标，应当是社会总供给和社会总需求之间的相对均衡。在社会总供给和社会总需求相对均衡的状态下，物价水平一般比较稳定，失业率被控制在可以接受的范围内，是一种国民经济正常运行的良好状态。如果总供给与总需求相对均衡的状态被打破，则需要财政政策加以必要的宏观调控。如果总供给大于总需求，说明社会有效需求不足，充分就业无法实现，国民经济出现紧缩的局面，此时应当通过财政政策刺激总需求的增加，从而使总供给与总需求在新的高度上达到新的相对均衡；如果总供给小于总需求，说明社会有效需求过旺，物价稳定无法实现，国民经济出现通货膨胀的局面，此时应当通过财政政策降低社会总需求，使社会总供给与总需求达到新的均衡。

（2）确定实现宏观调控目标的财政工具。财政政策可以分为扩张性、紧缩性和中性三种类型。扩张、紧缩和中性都是相对于需求而言的。扩大社会总需求的政策称为扩张性财政政策，一般在通货紧缩时采用；减少社会总需求的政策称为紧缩性财政政策，一般在通货膨胀时采用；既不扩张也不紧缩的政策称为中性财政政策，一般在稳定时采用。

（3）通过投资、补贴和税收等多方面安排，加快农业、能源、交通运输、邮电通信等公共设施的发展，消除经济增长中的"瓶颈"，并支持第三产业的兴起，加快产业结构的转换，保证国民经济稳定与高速的最优结合。

（4）财政应切实保证非生产性社会公共需要。比如，为社会经济发展提供和平和安定的环境，治理污染，保护生态环境，提高公共卫生水平，加快文教的发展，完善社会福利和社会保障制度，使增长与发展相互促进，相互协调。

第二节　公共财政的基本特征

公共财政是建立在现代市场经济条件下，从市场失灵出发，来界定公共部门，即政府的经济活动范围和职能的。公共财政学的分析基点和根本思路是政府如何矫正市场失灵的分析。下面从市场失灵角度论述公共财政存在的必要性，即政府干预经济的必要性。

一、法治化的财政

市场经济是一个法治经济，对于政府来说，其活动和行为也应当置于法律的根本约束规范下。财政作为政府直接进行的活动，在市场经济条件下无疑必须受到法律的约束和规范，从而使其具有明显的法治性特征。

财政的法治化意味着社会公众通过国家权力机构和相应的法律程序，决定、约束、规范和监督政府的财政行为，从而使得财政体现出是社会公众的财政，是建立在法律规范化基础上的财政。例如，税是依据税法征收的，没有国家权力机关的批准和授权，相关税法和税收条例是无法确立的；又如，政府预算也要通过国家权力机关审议和批准，否则哪怕一分一毫的资金，政府也是无权随意使用的。

公共财政作为一个满足公共需要，从而更好地服务于市场经济的财政类型，必然要求民主基础和法治保障。只有通过民主代议制的形式，才能保证公共需要得以真正地体现和满足；只有通过法治的形式，将财政立法权保留在人民所选代表组成的立法机构中，才能保证政府财政的活动范围不超过"市场失灵"和"市场需要"的限度，也才能监督政府依法行政，体现财政的"公共性"。由此可见，只有法治化的财政才能发挥财政的真正作用，也只有以法治作为保障才能发挥财政的作用。

二、非营利性的财政

在社会经济活动中，除了具有排他性与竞争性的私人产品之外，还有许多产品和服务不具有竞争性与排他性，这种产品称为公共产品。政府在提供公共产品上具有非营利性的特征，而这一特征也主要源于公共物品的非排他性和非竞争性特征。非排他性是指消费者在消费该种产品或服务时，并不能排斥其他消费者同时消费该种产品或服务。如国防，政府提供国防旨在保卫全体人民的安全，国防这种产品的提供也需要消耗社会资源，但该产品提供出来之后保卫的是全体人民的安全，一个人享受到国防的保护并不排斥其他社会成员同时享受到国防的保护，这种公共产品不具有私人产品的排他性而具有公益性。由于没有排他性，因此在一定范围内，每增加一名消费者并不增加该产品的提供成本，即其边际成本可以为零。在人们的经济生活中具有非竞争与非排他性的公共产品与服务很多，除国防外，还包括行政管理、社会治安、城市公共设施、道路照明等。

财政所提供的公共产品，其目的并不是营利，而是出于经济稳定、社会安定等方面的考虑，并着眼于社会经济的长远发展。显而易见，公共财政具有非营利性的特征。

三、弥补市场失灵的财政

市场经济在其内在规律的制约下，在社会资源配置中表现出了高效率的一面。市场经济在高效配置社会资源的同时也存在着缺陷，因此，将社会资源的配置完全交给市场是不行的。市场资源配置的缺陷主要源于条件的缺陷。市场机制与资源配置的帕累托最优之间确实存在着对应关系。但在现实中，帕累托最优的实现条件经常得不到满足，而当这些条件得不到满足时，市场高效配置社会资源就可能出现问题，就会出现市场配置资源的低效率或无效率，这样就会出现市场失灵。因此，市场失灵是市场机制不能有效发挥配置作用时所出现的低效率或无效率。市场失灵主要表现在以下方面：

（一）垄断

垄断即限制竞争，是指行为人排斥或者限制市场竞争的行为。垄断是市场失灵的一个十分重要的表现。竞争是市场经济的典型特征，在完全竞争的情况下，每一个市场都有为数众多的参与者即买方和卖方。而每一个买方和卖方都不可能具有控制市场和价格的能力。价格是在竞争的作用下通过市场供求关系最终形成的。众多的买方和卖方都是价格的接受者，而不可能成为价格的决定者。同时，在边际成本递增的作用下，形成了产品价格按边际成本定价的规则，在这种情况下市场具有较高的效率。

垄断的存在会破坏市场的竞争，这种垄断事实上包括自然垄断和政府垄断在内。从自然垄断来看，某些劳动生产率较高的企业中出现了产品平均成本随产量的增加而递减的现象，这表明该企业的产出达到了一个较高的水平，也表明一定范围内该产品由一个大企业集中生产经营会比由若干小企业分散生产经营更有效率，但是边际成本递减后把较小的企业从竞争中排斥出去，以致最终形成了自然垄断。

从政府垄断来看，某些政府直接控制的部门如铁路、航空、城市供水供电、邮政、通信等部门，其产品和服务的价格是由政府制定的，并不具有市场定价的机制。这些部门的资本有机构成一般较高，一旦通过投资形成生产能力，在一定范围内增加单位产品和服务的提供并不需要增加过多的追加成本。再加上这些产品和服务具有很强的地域性，很难在全社会实现真正的流动，因而市场定价机制几乎难以真正地发生作用。无论这些政府垄断部门价格定得是高是低，都难以体现市场的效率。

（二）外部效应

外部效应也称为外溢性，是指社会生活中某一经济主体（个人或厂商）的经济活动给其他经济主体（个人或厂商）的福利所带来的影响，并且这种影响并没有在市场交易过程中反映出来。外部效应有外部正效应和外部负效应之分。外部效应可以从以下方面进行考察：

第一，外部效应的大小和强弱。如果某一经济主体的活动对其他经济主体带来的影响很大，则称为外部效应较大或较强；如果这种影响很小，则称为外部效应较小或较弱；如果这种影响小到了可以略而不计的程度，也可以说没有外部效应。事实上，绝对没有外部效应的情况是不存在的。

第二，外部效应的正负。如果某一经济主体的经济活动给其他经济主体带来的影响是好的，使其他经济主体获得了收益，则称为正的外部效应或称为外部经济；反之，如果某一经济主体的经济活动给其他经济主体带来的影响是不好的，使其受到了损失，则称为负的外部效应或外部不经济。

（三）信息不充分

信息不充分包括信息不完全和信息不对称两个方面。信息不完全是指市场交易的双方不能掌握与交易相关的全部信息；信息不对称是指市场交易的双方所掌握的与交易相关的信息是不同的。信息不对称既包括交易双方掌握信息量的不同（不对称），又包括交易双方获取信息渠道的不同（不对称）。当交易双方中的一方由于各种因素的影响掌握的信息量多于另一方掌握的信息量时，就会出现信息的不对称。这时的市场将不是一个完全公开与公正的市场。在这种情况下，市场主体无法通过信息的获取了解市场的基本状况和其他市场主体的状况。

厂商无法准确了解市场需要什么样的商品以及需要多少，消费者也难以对市场所提供的商品做出准确的评估，也就难以决定自身所能接受的商品及服务的价格与数量。在信息不对称的情况下，交易一方，也就是信息优势方，即信息占有量较大的一方，就有可能运用各种途径利用自身的信息优势，损害交易另一方的利益，获取自身的更大利益，从而产生"逆向选择"和"败德行为"，造成整个市场对社会资源配置效率的降低。

第三节 税收与税收原则

一、税收的基本认知

（一）税收的主要内涵

"税收是财政的重要组成部分，更是国家治理体系的重要组成部分，推进新时代税收治理现代化必须贯彻新发展理念、构建新发展格局的战略方针需要，贯彻落实好党对税收工作的统一领导，弘扬光大社会主义的人民税收观，坚持走系统化法治税收道路，不断科学化开拓创新。"①

税收属于分配范畴，这是税收的基本属性。税收的分配主体是国家，税收是最早出现的一个财政范畴，它是随着国家的产生而产生的。税收与国家的存在有本质的联系。税收是以国家为主体进行的分配，而不是社会成员之间的分配，由国家将一部分社会产品集中起来，再根据社会公共需要，通过财政支出分配出去。国家满足社会公共需要是面向整个社会公众的，它所带来的利益并不局限于个别社会成员。在征税过程中，居于主体地位的总是国家，纳税人居于从属地位。

（二）税收的基本特征

1. 强制性

税收的强制性，是指税收的征收凭借的是国家的政治权力，是通过国家法律形式予以确定的。纳税人必须根据税法的规定照章纳税，违反的要受到法律制裁。税收的强制性表现为国家征税的直接依据是政治权力而不是生产资料的直接所有权，国家征税是按照国家意志依据法律来征收的。税收的强制性，要求将征税主体和纳税主体全部纳入国家的法律体系中，实际上是一种强制性与义务性的结合。

2. 无偿性

税收的无偿性，是指税收是价值的单方面的转移，是指国家取得税收收入既不需要偿还，又不需要对纳税人付出任何代价。税收的这种无偿性特征，是针对具体的纳税人而言的，即税款缴纳后和纳税人之间不再有直接的返还关系，税收的无偿性使得国家可以把分散的财力集中起来统一安排使用，满足国家行使其职能的需要。国家征税并不是最终目的，国家取得税收收入还要以财政支出的形式用于满足社会公共需要。每个纳税人都会或多或少地从中取得收益，尽管其所获收益与所纳税款在量上不对等。

3. 固定性

税收的固定性，是指征税要依据国家法律事先"规定"的范围和比例，并且这种"规定"要有全国的统一性、历史的连续性和相对的稳定性。国家在征税前就要通过法律形式，预先规定课征对象和征收数额之间的数量比例，把对什么征、对谁征和征多少固定下来，不经国家批准不能随意改变。税收的固定性还有征收的连续性的含义，即国家通过制定法律来征税，就要保持它的相对稳定性，这样有利于纳税人依法纳税。当然，对税收

---

① 王励. 新时代背景下税收治理原则再思考 [J]. 曲靖师范学院学报，2022，41（04）：124.

固定性的理解也不能绝对化，随着社会生产力和生产关系的发展变化、经济的发展以及国家利用税收杠杆的需要，税收的征收对象、范围和征收比例等不可能永远固定不变，只是在一定时期内稳定不变。因此，税收的固定性只能是相对的。税收的固定性有利于保证国家财政收入的稳定，也有利于维护纳税人的法人地位和合法权益。

（三）税制的构成要素

1. 纳税人

纳税人是税法规定的直接负有纳税义务的单位和个人，它是纳税的主体。纳税人可以是自然人，也可以是法人。所谓自然人，一般指的是公民个人。他们以个人身份来承担法律规定的纳税义务。所谓法人，是指依法成立并能独立行使法定权利和承担法律义务的社会组织。法人一般应当具备的条件包括：①依法成立；②有必要的财产和经费；③有自己的名称、组织机构和场所；④能够独立承担民事责任。法人可以包括全民所有制企业、集体所有制企业、中外合资企业、中外合作经营企业和外资企业等，除此以外还可以包括机关、事业单位和社会团体法人等。

2. 课税对象

课税对象又称征税对象，是指税法规定的征税的目的物，是征税的根据。课税对象是一种税区别于另一种税的主要标志。

课税对象与税目关系密切，税目是课税对象的具体化，反映具体的征税范围，体现了征税的广度，一般通过确定税目划定征的具体界限，凡列入税目者征税，不列入税目者不征税。通过这种分类便于贯彻国家的税收政策，即对不同的税目进行区别对待，制定高低不同的税率，为一定的经济政策目标服务。

3. 税率

税率是税额与课税对象数额之间的比例。税率是计算税额的尺度，反映征税的深度。在课税对象既定的条件下，税额的大小决定于税率的高低。税率是税收制度的中心环节，税率的高低，直接关系到国家财政收入和纳税人的负担，是国家税收政策的具体体现。

（1）我国现行税率的类型。

第一，比例税率。比例税率是对同一课税对象，不论其数额大小，统一按一个比例征税，它一般适用于对流转额的课税。在比例税率下，同一课税对象的不同纳税人的负担相同，因而该税率具有鼓励生产、调动生产者积极性、有利于税收征管的优点。比例税率的缺点，是有悖于量能负担原则，对调节个人所得的效果不太理想。

第二，累进税率。累进税率是就课税对象数额的大小规定不同等级的税率。课税对象数额越大，税率越高。实行累进税率，可以有效地调节纳税人的收入。它一般适用于对所得税的征收。累进税率按累进程度不同又分为全额累进税率和超额累进税率两种。

全额累进税率是指课税对象的全部数额都按照与之相适应的税率征税，即按课税对象适应的最高级次的税率统一征收。

超额累进税率是把课税对象按数额的大小划分为若干不同等级部分，对每个等级部分分别规定相应的税率，分别计算税额，一定数额的课税对象可以同时使用几个等级部分的税率。

全额累进税率与超额累进税率相比具有不同的特点，主要表现在：①在名义税率相同的情况下，全额累进税的累进程度高，税负重，超额累进税的累进程度低，税负轻；②在所得额级距的临界点附近，按全额累进税率征税会出现税负增加超过所得额增加的不合理现象，按超额累进税率征税则不存在这个问题；③在计算上，按全额累进税率计算简便，按超额累进税率计算复杂。

第三，定额税率。定额税率是指按单位课税对象直接规定一个固定税额，而不采取百分比的形式，如资源税，直接规定每吨税额为多少或每升税额为多少；又如土地使用税，按使用土地的面积规定每平方米税额为多少，它实际上是比例税率的一种特殊形式。定额税率和价格没有直接联系，它一般适用于从量定额征收，因而又称为固定税额。定额税率在计算上更为便利，但是由于它是基于一个固定的数额，随着税基规模的增大，纳税的比例变小，故此税率具有累退的性质，对纳税人来说，税负不尽合理，因而该税率只适用于特殊的税种。

（2）课税依据。课税依据是指国家征税时的实际依据。国家征税时出于政治和经济政策考虑，并不是对课税对象的全部进行课税，往往允许纳税人在税前扣除某些项目。课税依据的设计一般要考虑课税对象的性质、课税目的以及社会环境等多种因素。

（3）课税基础。课税基础又简称税基，是指确立某种税或一种税制的经济基础或依据。它不同于课税对象，如商品课税对象是商品，但其税基则是厂家的销售收入或消费的货币支出；它也不同于税源，税源总是以收入的形式存在的，但税基可能是支出。税基的选择是税制设计的重要内容，它包括两个方面的问题：①以什么为税基，现代税收理论认为以收益、财产为税基是合理的，但也有一种观点认为以支出为税基更为科学；②税基的宽窄问题，税基宽则税源多，税款多，但有可能对经济造成较大的副作用，税基窄则税源少，税款少，但对经济的不利影响也较小。

（4）附加、加成和减免税。纳税人负担的轻重，主要是通过税率的高低来调节的，但除此之外，还可以通过附加、加成和减免税等措施来调整纳税人的负担。

附加和加成是属于加重纳税人负担的措施。附加是在征税以外附加征收的一部分税款，通常把按国家税法规定的税率征收的税款称为征税，而把在正税以外征收的附加称为副税；加成是加成征税的简称，是对特定纳税人的一种加税措施；减免税是为了发挥税收的作用或照顾某些纳税人的特殊情况而做出的规定。起征点是对税法规定的课税对象开始征税的最低界限。对未达到起征点的课税对象，不征税；但达到或超过起征点时，对全部课税对象都要征税。免征额是课税对象中免予征税的数额。起征点和免征额有相同点，即当课税对象小于起征点和免征额时，都不予征税。二者也有不同点，即当课税对象大于起征点和免征额时，采用起征点制度的要对课税对象的全部数额征税，采用免征额制度的仅对课税对象超过免征额的部分征税。在税法中规定起征点和免征额是对纳税人的一种照顾，但二者照顾的侧重点不同，起征点照顾的是低收入者，免征额则是对所有纳税人的照顾。

税法具有严肃性，而税收制度中关于附加、加成和减免税的有关规定则把税收法律制度的严肃性和必要的灵活性密切地结合起来，使税收法律制度能够更好地因地因事制宜，贯彻国家的税收政策，发挥税收的调节作用。

（5）违章处理。违章处理是对纳税人违反税法行为的处置，它对维护国家税法的强制性和严肃性有重要意义。

纳税人的违章行为通常包括偷税、抗税、骗税、欠税等。其中，偷税、抗税、骗税一般为违法行为。偷税是指纳税人有意识地采取非法手段不缴或少缴税款的违法行为。抗税是指纳税人以暴力、威胁等方法对抗国家税法拒绝纳税的违法行为。骗税是指纳税人采取对所生产或经营的商品假报出口等欺骗手段骗取国家出口退税款的行为。欠税即拖欠税款，是指纳税人不按规定期限缴纳税款的违章行为。对纳税人的违章行为，可以根据情节轻重的不同，分别采取不同方式进行处理。

（四）税收的类型划分

1. 按税负能否转嫁分类

按税负能否转嫁，可将税收分为直接税与间接税。

（1）凡是税负不能转嫁的税种，属于直接税。在直接税下，由纳税人直接负担各种税收，纳税人就是负税人。如所得税和财产税属于直接税，税负不能转嫁。

（2）凡是税负能够转嫁的税种，属于间接税。在间接税下，纳税人能将税负转嫁给他人，纳税人不一定是负税人。如以商品为课税对象的消费税等属于间接税，税负能够转嫁。一般认为，在市场经济条件下由于实行市场价格，存在税负转嫁问题，但税负转嫁取决于客观的经济条件。

2. 按课税对象的性质分类

按课税对象的性质分类，可将我国现行税种分为流转课税、所得课税、资源课税、财产课税和行为课税五大类，这是常用的主要分类方法。

（1）流转课税。流转课税又称商品课税，是指以商品交换或提供劳务的流转额为课税对象的税类。流转课税的经济前提是商品生产和交换，其计税依据是商品销售额或营业收入额等。属于流转课税的税种包括增值税、消费税、营业税和关税等。流转课税是目前大多数发展中国家普遍采用的一种税，并且在税收总额中占较大比重。

（2）所得课税。所得课税又称收益课税，是指以所得（或收益）额为课税对象的税类。所得课税可以根据纳税人的不同分为对企业所得课税和对个人所得课税两大类，前者称为企业所得税，后者称为个人所得税。我国目前开征的所得税主要有企业所得税、个人所得税等。在西方国家，社会保障税、资本利得税等一般也列入此类。所得税是大多数西方国家的主体税种。

（3）资源课税。资源课税是以自然资源为课税对象的税类。该税种能够对从事自然资源开发的单位和个人所取得的级差收入进行适当调节，以促进资源的合理开发和使用。由于级差收入也是一种所得，因此有些国家也将资源课税并入所得课税。

（4）财产课税。财产课税是指以纳税人拥有或支配的财产为课税对象的税类。我国目前开征的房产税、契税、车船税等，就属于财产课税。西方国家有一般财产税、遗产税、赠与税等。

（5）行为课税。行为课税是指以纳税人的某种特定行为为课税对象的税类。开征这类税一方面可以增加财政收入，另一方面可以通过征税对某种行为加以限制或加强管理监督。

3. 按税收的计量标准分类

按税收的计量标准分类，可将税收分为从价税与从量税。

（1）从价税是以课税对象的价格为计税依据的税类，从价税的应纳税额随商品价格的变化而变化，能够贯彻合理负担的税收政策，因而大部分税种都采用这一计税方法。

（2）从量税是以课税对象的数量、重量、容积或体积为计税依据的税类，如目前我国开征的资源税、车船税和部分消费品的消费税等。从量税的税额随课税对象数量的变化而变化，具有计税简便的优点，但税收负担不能随价格高低而增减，不尽合理，因而只有少数税种采用这一计税方法。

二、税收原则

(一) 公平原则

税收的公平原则是指国家征税要使纳税人承受的负担与其经济状况相适应，并使纳税人之间的负担水平保持平衡。税收的公平原则包括普遍征税和平等征税两个方面。所谓普遍征税，通常是指征税遍及税收管辖之内的所有法人和自然人。所谓平等征税，通常是指国家征税的比例或数额与纳税人的负担能力相称。衡量税收公平的原则如下：

1. 受益原则

受益原则要求按纳税人在政府公共支出中受益程度的大小来分担税收。根据这种标准，从政府公共服务中享受相同利益的纳税人，意味着具有相同的福利水平，因此，他们应负担相同的税，以实现横向公平；享受到较多利益的纳税人，具有较高的福利水平，他们应负担较高的税，以实现纵向公平。因此，谁受益谁纳税，受益多的人多纳税，受益少的人少纳税，受益相同的人负担相同的税是非常公平的。在现实生活中，如对公路、桥梁通行费征收营业税以及征收社会保障税等体现了受益原则，但在许多情况下收益水平是不好衡量的，如国防费和行政管理费等，因享用程度不可分解而不适用受益原则。

2. 量能负担原则

量能负担原则要求按照人们的负担能力来分担税收，通常用收入水平来衡量人们的负担能力，按照人们收入的多少进行课税。根据这一原则，所得多、负担能力强的人多纳税，所得少、负担能力弱的人少纳税。普遍征税是征税的一个基本前提，但政府征税的一个目的，就是通过政府支出改善人们的生活条件和生活环境，提高人们的生活水平，所以对那些负担能力弱或没有负担能力的人，为了保证其基本生活需要，政府不应向其征税。而且，在一定条件下政府要通过财政转移支付，向他们提供必要的生活补助。

3. 机会均等原则

机会均等原则要求按企业或个人获利机会的多少来分担税收。获利机会多的企业和个人多纳税，获利机会相同的企业或个人缴纳相同的税。企业或个人获利机会的多少是由他拥有的经济资源决定的，包括人力资源、财力资源和自然资源等。对这些资源在占有方面的差异，使得一部分企业或个人在市场竞争中处于有利地位，而另一部分企业或个人则处于不利地位。处于有利地位者可以凭借其各种经济优势，扩大市场占有份额甚至垄断市场，妨碍市场竞争，降低资源配置效率。因此，国家应当通过适当的税收政策调节、改变以至消除由于资源占有状况的不同而形成的不平等竞争环境，使竞争者大致站在同一起跑线上展开公平竞争。

（二）效率原则

税收的效率原则指的是以尽量小的税收成本取得尽量大的税收收益。税收的效率通过税收成本和税收收益的比例来衡量，但这种对比关系不是单一的，而是多层次的。这里的税收收益与税收成本是一个广义的概念，税收收益不仅包括取得的税收收入，还包括因税收的调节提高了资源配置效率，优化了产业结构，促进了社会经济稳定发展的正效应即间接收益；而税收成本不仅包括税收的征收和管理费用，还包括税收对社会经济的不当调节而产生的负效应，即间接成本。因此，税收效率包含两个方面的内容：①从税收与经济的相互关系，特别是从税收对经济的影响方面进行成本和收益的比较，即税收的经济效率；②税务机关本身进行税务行政或税收管理而产生的成本和收益的比较，即税收的行政效率。

1. 税收的经济效率

税收的经济效率是指政府征税应有利于资源有效配置和经济机制的运行，即促进经济效率的提高或者对经济效率的不利影响最小。税收的经济效率是从整个经济系统的范围来看税收的效率原则的，主要从征税过程对纳税人以及整个国民经济的正负效应方面来判断税收是否有效率。这就有税收的经济成本与经济收益的比较问题。一般来看，对税收的经济效率主要从两个方面来考察：①税收的额外负担最小化；②税收的额外收益最大化。

现代经济学运用帕累托效率来衡量经济效率。帕累托效率是指这样一种状态，即资源配置的任何重新调整都已不可能使一些人的境况变好而又不使另一些人的境况变坏，那么这种资源配置已经使社会效用达到最大，这种资源配置状态就是资源的最优配置状态，称为帕累托最优。如果达不到这种状态，就说明资源配置的效率不是最佳，还可以进行重新调整。由于在现实经济生活中，大多数的经济活动都可能是通过使一部分人的境况变坏，从而使另一部分人的境况变好，但总的社会效益变得更好，所以，效率的实际含义可以解释为经济活动上的任何措施都应当使"得者的所得大于失者的所失"。

2. 税收的行政效率

税收的行政效率是指征税管理部门本身的效率，它可以通过一定时期直接征纳成本与入库的税收收入的对比来进行衡量。入库的税收收入是税收的直接收益。而税收的征纳成本，主要包括：①税务机关的行政费用，包括税务机关工作人员的工资、津贴等人员经费和税务机关在征税过程中所支付的交通费、办公费、差旅费等公用费用，以及用于建造税务机关办公大楼等的各种费用开支；②纳税执行费用，包括纳税人雇用会计师、税收顾问、职业税务代理人等所花费的费用，企业为个人代缴税款所花费的费用，以及纳税人在申报纳税方面发生的其他费用等。一般地说，税收的征纳成本与入库的税收收入之间的比例越小，税收行政效率就越高；反之，则越低。

第四节　税收负担与税收效应

一、税收负担的实质与分类

税收负担是指纳税人因向国家缴纳税款而承受的收入损失或经济利益损失，在数量上体现政府征收的税收收入和可供征税的税基之间的对比关系。税收负担问题是税收制度的核心问题，也是税收与经济的关系问题。合理界定一定时期的税收负担，对于保证政府履行其职能所需要的财力和促进经济发展有着重要的意义。

（一）税收负担的实质关系

税收负担的实质是政府与纳税人之间的分配关系。税收负担表现为因政府征税使纳税人承担了一定量的税额，相应地减少了纳税人的一部分收入或利润，并给纳税人造成经济利益损失，其实质表现的是政府与纳税人之间的一种分配关系。这种分配关系有以下含义：

第一，政府与单个纳税人之间的分配关系。二者对既定的剩余产品存在占有或支配的此增彼减的关系，就单个纳税人而言，在收入一定的前提下，政府对其征税越多，纳税人税后自己可支配的用于投资或消费的收入就越少，经济利益损失就越大。

第二，私人产品与公共产品之间的配置和消费关系。从税款运动的全过程来看，政府从纳税人手中强制征收的税款，相当大的一部分通过财政支出用于生产或提供各种公共产品或公共服务，以满足企业生产和居民生活的公共需要，这实质上体现了以政府为中介调节私人产品与公共产品之间的配置结构，以满足全社会对公共产品消费需要的分配关系。

第三，纳税人相互之间的分配关系。政府在征税与不征税、多征税与少征税之间的选择，以及政府在将征收的税款通过转移性支出转化为一部分社会成员的收入的过程中，客观上起到了调节纳税人相互之间对收入或财富占有关系的作用。就政府提供的公共产品而言，因公共产品在地区结构或品种结构上存在的差异，政府也不可能做到让纳税人等量损失、等量消费。因此，政府的税收分配和再分配，客观上起到了调节纳税人相互之间的分配关系的作用。

（二）税收负担的类型划分

1. 依据税收负担的构成

按照税收负担的构成可将税收负担分为直接税收负担和间接税收负担。

（1）直接税收负担。直接税收负担是指纳税人直接向政府纳税而最终承受的税收负担。在市场经济条件下，由于存在着税负转嫁，法律上的纳税人不一定是实际税负的承担者。如果纳税人向政府实际缴纳的税额不能以某种方式转嫁给他人，纳税人最终承担的税额即未实现转嫁的部分便构成纳税人的直接税收负担。

（2）间接税收负担。间接税收负担是指被转嫁者实际负担的由他人转嫁过来的税额。在存在税负转嫁机制的条件下，纳税人依法直接向政府缴纳税款并不意味着税款最终全部由纳税人自己负担，纳税人有可能通过某种途径全部或部分地将税收负担转嫁出去。这样，被转嫁者虽然没有直接向政府纳税，却实际负担了一部分由他人转嫁过来的税款，即间接税收负担。只要存在税负转嫁，就存在间接的税收负担。

2. 依据税收负担的承受主体

按照税收负担的承受主体可将税收负担分为宏观税收负担和微观税收负担。

（1）宏观税收负担。宏观税收负担是指一个国家在一定时期内税收收入占国内生产总值的比重。在考察一个国家的税收负担总水平或对不同国家的税收负担总水平进行比较研究时，一般采用宏观税收负担。

（2）微观税收负担。微观税收负担是指某个纳税人（自然人或法人）的税收负担，表明某个纳税人在一定时期内所承受的税款总额。衡量微观税收负担的指标主要包括：①企业税负指标，通常用企业所得税负担率来衡量，即企业缴纳的所得税占企业利润总额的比例，该指标表明国家与企业之间的利润分配关系；②城镇居民税负指标，通常用个人所得税负担率来衡量，即城镇居民缴纳个人所得税占居民个人收入的比例。

3. 依据税人承受税收负担的实际情况

按纳税人承受税收负担的实际情况可将税收负担分为名义税收负担和实际税收负担。

（1）名义税收负担是指按法定税率和计税依据计算的纳税人应承担的税款总额。名义税收负担率简称为名义税负率，它可用纳税人按法定税率和计税依据计算的应纳税额占其盈利或各项收入总额的比例来衡量。

（2）实际税收负担是指纳税人实际缴纳税款所形成的税收负担。实际税收负担率简称实际税负率，它可用纳税人实纳税额占其盈利或各项收入总额的比例来衡量。

二、税收效应的分类与影响因素

税收效应，是指纳税人因政府征税而在其经济选择或经济行为方面作出的反应，或者从另一个角度说，是指国家课税对消费者的选择以及生产者决策的影响。

（一）税收效应的分类

税收效应可分为收入效应和替代效应两种不同的类型。税收的收入效应是指国家征税减少了纳税人可支配的收入，从而降低了商品购买量和消费水平。纳税减少了纳税人的收入，一方面会减少商品购买量，另一方面会激励纳税人更加努力地工作，以赚取更多的收入，弥补由于征税而造成的损失。税收的替代效应是指纳税人针对不同经济行为税收待遇的不同，而有意识采取的行为选择。当政府对不同的商品实行征税或不征税、重税或轻税的区别对待时，会影响商品的相对价格，使纳税人减少征税或重税商品的购买量，而增加无税或轻税商品的购买量，即以无税或轻税商品替代征税或重税商品。

（二）税收的经济影响

1. 投资方面

税收对企业投资决策的影响，除了其对储蓄水平的间接影响以外，这一效应主要是通过税收对投资收益率和折旧因素的影响体现出来的。

对企业来说，税率与投资收益率是反方向变化的。在其他因素一定时，税率提高，投资收益率下降，因此，税率的变动会直接引起投资收益与投资成本的比例发生变动，并对纳税人的投资行为产生方向相反的两种效应：①如果征税的影响是降低投资对纳税人的吸引力，就会造成纳税人减少投资而以消费来替代投资，即税收对投资产生了替代效应；②如果征税的影响是减少纳税人的可支配收入，就会促使纳税人为了维持其以往的收益水平而增加投资，即税收对投资产生了收入效应。同时，通过税收制度规定的税收折旧率与实际折旧率通常是不一致的。若二者相等，则税收对私人投资的影响表现为中性；若税收折旧率高于实际折旧率，则税收对私人投资的影响表现为一种激励；若税收折旧率低于实际折旧率，则税收对私人投资的影响表现为一种抑制作用。

一般来说，征税会导致投资的收益率下降，产生税收对投资的替代效应，从而抑制投资。但是，由于税法中存在一些鼓励投资的规定，如加速折旧、投资抵免等，会对投资起到激励作用，因此，政府应合理运用税收政策，调控投资需求，从而促进经济发展，实现社会总供求的平衡。

2. 劳动供给方面

税收减少了劳动者的既得收入，政府征税会使人们对工作产生不同的反应，人们会在工作以取得收入或是闲暇之间进行选择。工作时间越多和工作质量越高，收入就越多，生活就越富裕，但要取得收入就要放弃闲暇。人们对两者的选择受个人的偏好、工资的高低以及政府征税税率等诸多因素的影响。税收对劳动供给的影响，是通过收入效应和替代效应来表现的。

税收对劳动供给的收入效应，是指征税后减少了个人可支配收入，促使其为维持既定的收入水平和消费水平而减少或放弃闲暇，增加工作时间。税收对劳动供给的替代效应是指由于征税使劳动和闲暇的相对价格发生变化，劳动收入下降，闲暇的相对价格降低，促使人们选择闲暇以替代工作，也就是说，政府课税会造成劳动投入量的下降，税负越重，劳动投入量越少。

我国目前是一个劳动力供给十分充裕的大国，对我国现实情况而言，税收几乎不影响劳动的供给，而且个人所得税在短期内也不会成为主体税种，因此，我国目前和今后相当长的时期内需要解决的不是如何增加劳动供给，而是如何消化劳动力过剩的问题。

3. 居民储蓄方面

影响居民储蓄行为的两个重要因素是个人收入总水平和利率水平。个人收入越多，储蓄倾向越强；储蓄利率越高，对人们储蓄的吸引力就越大。税收对居民储蓄的影响，主要是通过个人所得税、利息税等影响居民的储蓄倾向及全社会的储蓄率。

对个人所得是否征税以及征收多少，会影响个人的实际可支配收入，并最终影响个人的储蓄行为。如果对储蓄的利息所得不征税，征收个人所得税对居民储蓄只有收入效应，即征收个人所得税会减少纳税人的可支配收入，迫使纳税人降低当前的消费。由于征收个人所得税，个人的消费与储蓄水平同时下降了。所以，税收对储蓄的收入效应是指在对个人所得征税后，个人的实际收入下降，纳税人为了维持既定的储蓄水平而被迫减少现期消费。如果对储蓄利息征利息税，会减少储蓄人的收益，从而降低储蓄报酬率，影响个人储蓄和消费倾向。具体来说，对储蓄利息征税使得未来的消费价格变得昂贵了，而当前的消费价格相对下降了，个人将增加当前的消费，于是产生了收入效应和替代效应。此时的收入效应在于对利息征税降低了个人的实际收入，纳税人将用既定的收入减少当前或未来的消费；而替代效应是指对利息征税减少了纳税人的实际利息，使未来的消费价格变得昂贵，降低了人们储蓄的意愿，从而引起纳税人以消费代替储蓄。

第六章 财政支出与财政收入

第一节 购买性支出

购买性支出是政府及其机构在市场上购买商品和劳务，用于政治、经济、军事、文化和外交活动等方面的支出。按照被购买商品和劳务的消费特征，购买性支出可以分成消费性支出和投资性支出两大类。

一、财政消费性支出

财政消费性支出是购买性支出的一项重要内容。财政消费性支出是指维护政府机构正常运转和政府提供公共服务所需的经费的总称。在财政支出安排上，必须保证这些支出项目必要的支出，这是财政工作的基本职责。财政消费性支出是国家执行政治职能和社会职能的保证。一国政府不仅要为公民提供国家防务和社会安定，还要通过法律、行政和社会管理处理和协调公民之间的相互关系，维系正常的社会关系以及商务关系。

（一）行政管理支出

1. 行政管理支出的内容

行政管理支出是财政上用于国家各级权力机关、行政管理机关和外事机构行使其职能所需的费用，包括行政管理费、公检法司支出、武装警察部队支出、国家安全支出、外交外事支出和对外援助等。其中，行政管理费包括党政机关经费、行政业务费、干部训练费及其他行政费等；公检法司支出包括各级公安司法检察机关经费、公安司法检察业务费、司法警察学校和公安司法检察干部训练学校经费及其他经费等；武装警察部队支出包括武装警察部队经费、业务费等；国家安全支出包括安全机关经费、安全业务费等；外交外事支出包括驻外机构经费、出国费、外宾招待费和国际组织会费等。行政管理支出按最终用途划分，可分为人员经费和公用经费两部分。人员经费是指用于保证行政人员正常行使其职能的费用支出，包括上述政府权力机关、行政机关和外事机构的工作人员的工资、福利费、离退休人员费用和其他经费；公用经费是指用于保证政府机构正常开展公务而花费的支出，包括公务费、修缮费、业务费和购置费等。

2. 行政管理支出的状况

近年来，我国行政管理支出占国内生产总值的比重、行政管理支出占财政支出的比重呈逐年上升的趋势。行政管理费的增长，有其合理性。随着社会经济活动日趋复杂、社会交往的规模增大以及"城市化"进程的加大，用于维持秩序的机关的增多以及相应的经费的增长也就不可避免。而国际交往也会随经济发展和外事活动的频繁而逐渐增多，于是，驻外机构的费用、迎来送往的支出也将呈不断增加的趋势。但是，我国在较长时间内政府职能界定不清、政府机构和人员过度膨胀，是导致行政管理支出过多、增速过快的主要原因。此外，行政管理支出理应向公用经费倾斜，但我国的公用经费缺乏明确的界定，预算约束软化，行政机构和人员队伍庞大，政企不分，经费增长过快。

（二）文教科卫支出

1. 文教科卫支出的内容

文教科卫支出是文化、教育、科学、卫生支出的简称。此外，文教科卫支出还包括出版、文物、档案、地震、海洋、计划生育等项事业的事业费支出。文教科卫支出按用途不同，可以分为人员经费支出和公用经费支出，它们分别用于文教科卫等单位的人员经费支出和公用经费支出。人员经费支出主要用于文教科卫等单位的工资、补助工资、职工福利费、离退休人员费用、奖学金等开支项目，其中，工资是人员经费支出中最主要的内容。公用经费支出用于解决文教科卫等单位为完成事业计划所需要的各项费用开支。

2. 文教科卫支出的状况

文教科卫事业的发展与物质财富的生产有着密切的关系，而且其贡献越来越大。文化、教育、科学、卫生事业在现代社会经济发展中发挥着日益重要的作用，各国政府无不投入大量资金，而且支出规模越来越大。我国财政支出的结构变化也充分反映了文教科卫支出份额不断增大的趋势。在科研支出方面，我国财政用于科学研究支出及其占财政支出和国内生产总值的比重基本上是在逐年提高，同时，还通过科技三项费用、税收优惠和财政补贴等多种渠道鼓励和带动民间科技的投入。我国科学研究投入虽有较快的增长，但与发达国家相比仍存在着较大的差距，与某些科技进步较快的发展中国家相比也有一定的差距。今后，继续增加科技投入并加大鼓励企业增加科技投入的财政政策的力度，仍是制定财政政策的一个重要方向。

二、财政投资性支出

（一）财政投资性支出的特征

财政投资性支出又称政府投资支出。政府投资和非政府投资构成社会总投资。财政投资是指政府为了实现经济和社会发展战略，将一部分财政资金转化为公共部门资产的行为和过程。有别于一般财政消费支出，财政当期的投入将带来未来的产出。财政投资性支出具有以下特征：

1. 追求的目标不同

非政府投资追求微观上的营利性，非政府投资是由具有独立法人资格的企业或个人从事的投资，作为商品生产者，他们的目标是追求赢利，而且，他们的赢利是根据自身所能感受到的微观效益和微观成本计算的；而政府投资则追求国民经济的整体效益，由于政府居于宏观调控的主体地位，因此必须从社会效益和社会成本角度来评价和安排自己的投资。

2. 在国民经济中的地位和作用不同

市场经济条件下，投资主要依赖于企业，但企业囿于一行一业，其投资不可能顾及非经济的社会效益，如果完全依靠非政府投资，一国的投资结构就很难优化；而政府却可以从事社会效益好而经济效益一般的投资，可以将投资集中于那些"外部效应"较大的公用设施、能源、通信、交通、农业以及治理大江大河和污染等有关国计民生的产业和领域，从而优化国民经济结构，打破经济发展中的各种瓶颈。

3. 资金的来源渠道和投资方向不同

企业或个人主要依靠自身的积累和社会筹资来为投资提供资金，一般难以承担规模宏大的建设项目，主要从事周转快、见效快的短期性投资；而政府投资资金来源于税收、公债等渠道，财力雄厚，可以投资于大型项目和长期项目。

（二）基础设施的财政投资

基础设施有广义和狭义之分：广义的基础设施，除包括狭义的内容外，还包括提供无形产品或服务的科学、文化、教育、卫生等部门；狭义的基础设施，是指经济社会活动的公共设施，主要包括交通运输、通信、供电、机场、港口、桥梁和城市给排水、供气等。基础设施是支撑一国经济运行的基础部门，它决定着工业、农业、商业等直接生产活动的发展水平。一国的基础设施越发达，该国的国民经济运行就越有效，人民的生活也越便利，生活质量相对来说也就越高。

基础设施是位于国民经济上游的部门，其使用消耗构成其他产业的成本，因此，基础设施的价格关系到其他产业的价格。如果基础设施发展得薄弱，成为国民经济的"瓶颈"，就会影响到整个国民经济健康、持续、稳定的发展。因此，基础设施的发展离不开政府强有力的支持。

（三）农业的财政投资

1. 农业财政投资的主要内容

（1）农林、水利、气象等方面的基本建设投资支出。国家财政对农业和农垦部门的基本建设投资，主要包括：①对国有农场和生产建设农垦区的基本建设投资；②对林业的基本建设投资，主要包括建设场房、购买设备、种苗和栽树等费用；③对水利的基本建设投资，主要包括根治大江大河，修筑水库、桥梁等基本建设费用；④对气象部门的基本建设投资，主要包括建设气象台、站和购买设备等费用。此外，基本建设投资支出还包括对属于上述系统的事业单位的基本建设投资。

（2）农林企业挖潜改造资金支出。农林企业挖潜改造资金支出是指国家财政用在农垦、农牧、农机、林业、水利、水产、气象等方面的挖潜改造资金。

（3）农林部门科技三项费用。农林部门科技三项费用是指国家财政用于农业、畜牧、农机、林业、水利、水产、气象等部门的新产品试制费、中间试验费和重要科学研究补助费科学技术三项费用。

（4）农林、水利、气象等部门的事业费支出。农林、水利、气象等部门的事业费支出是指国家财政用在农垦、农场、农林、畜牧、农机、林业、水利、水产、气象、乡镇等方面以及农业资源调查和土地管理等方面的事业费。

（5）支援农业生产支出。支援农业生产支出是国家财政对农村集体经济单位和农户的各项生产性支出的支援，主要包括小型农田水利和水土保持补助费、支援农村合作生产组织资金、农技推广和植保补助费、农村草场和畜禽保护补助费、农村造林和林木保护补助费、农村水产补助费、农业发展专项资金和发展粮食生产专项资金支出等。

2. 农业财政投资的具体项目

农业财政投资有其必要性，因为农业部门自身难以有足够的积累，生产率较低的现状使其难以承受贷款的负担，更为重要的是，许多农业投资只适宜由政府来进行。一般来说，凡是具有外部效应且规模巨大的农业项目，都应由政府财政投资，具体包括以下方面：

（1）以水利为核心的农业基础设施建设。农业固定资产投资，如治理大江大河的投资、大型水库和各种灌溉工程等的投资，其特点是投资额大，投资期限长，牵涉面广，投资以后产生的效益不易分割，而且投资的成本及其效益之间的关系不十分明显。由于具有上述特点，农业固定资产投资不可能由分散的农户独立进行，所以应由政府财政投资。

（2）推动农业技术进步的农业科研活动。农业科研属于基础性科研，具有典型的外部效应。农业科研成果应用于农业生产，必须经过推广的程序，为了使农户接受新的生产技术，还需对农户进行宣传、教育和培训。为完成这一系列任务，需要筹集大量资金。农业科研成果将会使运用这项成果的农户受益，换言之，农业科研单位的研究成果所产生的利益是"外溢"的，但是，进行这项科研活动所需的一切费用却只能由科研单位承担。不仅如此，科研活动可能失败，其风险也只能由科研单位独自承担。因此，诸如农业科研、科学技术推广、农户教育之类的对农业发展至关重要的方面的投资，依靠单个的甚至是组织成为较大集体的农户来办是很困难的，这些投资只能由政府来承担。

适宜由农户来承担的投资主要是流动资金投资（如购买农药、化肥、薄膜、除草剂等）以及如农机具及供农户使用的农业设施等固定资产投资。这些投资从规模上看是农户能够承担的，投资后产生的效益也很容易分割，成本与效益的对应关系也比较明显。

（四）财政投融资制度

财政投融资制度是一个财政与金融有机融合的独特的经济范畴，并以其独特的作用受到世界各国政府的重视。财政投融资是政府为实现一定的产业政策和其他政策目标，通过国家信用方式筹集资金，由财政统一掌握管理，并根据国民经济和社会发展规划，以出资（入股）或融资（贷款）方式，将资金投向急需发展的部门、企业或事业的一种资金融通活动。财政投融资是一种政策性投融资，它既不同于一般的财政投资，又不同于一般的商业性投资，而是介于这两者之间的一种新型的政府投资方式。财政投融资的基本特征包括以下方面：

第一，财政投融资是一种政府投入资本金的政策性融资。它是在大力发展商业银行的同时构建的新型投融资渠道。随着社会主义市场经济体制的逐步建立和完善，市场融资的份额将扩大，把专业银行的政策性业务分离出来，也有助于实现专业银行商业化。

第二，财政投融资的目的性很强。财政投融资的范围也有严格的限制，主要投向能实现政府在不同经济发展阶段制定的政策目标的领域，一般来说，主要为基础设施和农业部门。财政投融资的适用范围也随着具体的经济发展阶段而有所调整。随着我国经济改革的深化，现在的大多数基础工业品会退出财政投融资领域，而在条件成熟时进入市场，放开价格，并通过组建股份公司和企业集团的形式来谋求发展。

第三，计划性与市场机制相结合。一方面，财政投融资的政策性和计划性很强，对市场的配置起补充调整作用；另一方面，它并没有脱离市场，而是以市场参数作为配置资金的主要依据，如政策性优惠贷款利率要以市场利率为基础。

第二节　转移性支出

转移性支出是指财政对居民个人和非公共企业提供的无偿资金支付，在财政支出科目上主要包括社会保障支出、财政补贴、国债利息支出和捐赠支出等，是政府实现公平分配的主要手段。转移性支出远离市场，可以避免对市场运行的直接干扰；转移性支出发生在分配环节，可以直接发挥对低收入阶层的保障作用。因此，市场经济下的各国政府普遍通过转移性支出实现公平职能。

一、社会保障支出的内容与方式

（一）社会保障制度的主要内容

"社会保障制度作为提供社会公共服务、维持社会均衡发展的重要手段，保障了社会成员的生活水平，而财政用于社会保障的支出作为财政支出的重要部分，更在调节居民收入分配、保障弱势群体方面发挥了不可或缺的作用。"[1] 社会保障制度是指国家为了帮助其公民克服面临的风险和不确定性因素，而面向所有公民提供基本生活保障的制度。这类不确定性因素主要有年老、残废、疾病、工伤、失业、自然灾害、贫困等。社会保障制度一般包括以下方面的内容：

---

① 王慧莹. 山东省财政社会保障支出对城乡居民收入差距的影响研究 [D]. 济南：山东财经大学，2023.

1. 社会保险

社会保险是社会保障制度的核心内容，它所遵循的原则是风险共担，互助互济。社会保险是国家强制实施的交费保险，费用一般由雇主和雇员分担，当支付不足时，由政府财政弥补差额。我国社会保险主要包括养老保险、工伤保险、医疗保险、失业保险、生育保险等不同形式。

2. 社会福利

社会福利是指对特定的社会成员的优待和提供的福利。我国政府积极推进社会福利事业的发展，通过多种渠道筹集资金，为老年人、孤儿和残障人士等群体提供社会福利。

3. 社会抚恤

社会抚恤是国家专门向对社会有功人员、有特殊贡献人员提供的特殊津贴。它是一种不需要交费的特殊津贴，费用全部由国家负担，内容主要包括对烈士、伤残军人、因公受伤的政府工作人员或公民等的各种福利开支。我国政府动员社会各方面力量，从保障优抚对象和退役军人的切实利益出发，不断完善各项优抚安置制度，提高优抚对象的保障水平，推进退役军人安置管理的法治化、制度化建设，维护优抚安置对象的合法权益。

4. 社会救济

社会救济是国家财政通过财政拨款，向生活确有困难的城乡居民提供资助的社会保障计划。社会救济金向符合条件的需要者免费发放，如残障人士、儿童、贫困妇女、无依无靠的老人等。我国从国家发展的实际出发，最大限度地对生活困难者实行最低社会保障，对受灾群众进行救济，对城市流浪乞讨人员予以救助，提倡并鼓励开展各种社会互助活动。

（二）社会保障资金的筹措方式

1. 社会保险资金的筹措

社会保险的保障相比其他保障更具有普遍性，其所保障的主要风险几乎是每一个社会成员都会遭遇到的，故社会保险费用具有数量大、支出有规律性的特点，这就要求社会保险项目一定要有广泛而稳定的资金来源。其主要形式如下：

（1）基金积累制。基金积累制是采用预筹积累方式来筹集资金，在若干年里，按规定的一定比例逐年逐月缴纳而积累形成的。其基本原则是事先提留、逐年积累、到期使用。其具体办法是采用个人账户，在社会保障机制中引入激励机制，即谁积累谁受益、多积累多收益。由于个人账户产权清晰，可以调动人们进行积累和劳动的积极性。基金积累制筹资模式具有费率高、对应性强、能形成预筹资金、不存在支付危机的特点。但其也面临如何使预筹基金免受通货膨胀的威胁和不断保值增值的问题。同时，采用个人账户方式预筹积累，必然依赖大量的信息，要对庞大的信息系统进行管理，这就对管理人员的素质和科技水平提出了较高的要求。

（2）现收现付制。当年筹集的保险资金只用于满足当年支出的需要，而不为以后年度的社会保险储备基金。换言之，现收现付制是在职的一代赡养已退休的上一代、在职的交费直接用于支付当期退休者的退休金。这种制度有利于低收入者，同时由于基金实行现收现付，不会出现基金积累受经济波动的影响而使退休金遭遇损失。但是，由于人口老龄化问题，它给政府带来的财政压力将越来越大。

（3）社会保险税。社会保险税是为筹集特定的社会保险款项，对一切发生工薪收入的雇主、雇员，以其支付、取得的工资、薪金收入为课税对象而征收的一种税。社会保险税借助税收的强制性、固定性来筹集社会保险资金，使其具有稳定、可靠的来源，有利于统一管理、提高社会保障的社会化程度。

（4）混合制。混合制是指根据社会保障内容的不同特征，资金的筹集一部分采用基金积累制方式，另一部分采用社会保险税方式。其特点是在一定程度上可以尽量避免单一实行上述两种筹资方式的缺点。但采用混合制有可能造成社会成本的提高，既要有一部分人来从事社会保险税的征收和分配，又要有一部分人去管理个人账户的业务。这无疑将消耗更多的资源来实现特定水准的社会保险，从而加大成本开支。

2. 社会救助、社会福利、社会优抚类的资金筹集

社会救助、社会福利、社会优抚这几类保障项目所要保障的风险具有一定的偶然性和特殊性，不是每一个社会成员在一生中都会遇到的，其资金的需要量没有一定的规律，且数量相对较少，而且接受资助的社会成员或无力缴纳社会保障费用，或无须缴纳相关费用。鉴于此，此类保障项目不需要建立专门的资金筹措制度，其资金直接来源于政府的一般税收收入，而支出项目则列入政府的一般经费预算，并通过政府的有关管理部门将补助金转移到受助人手中。

二、财政补贴的分类与作用

（一）财政补贴的分类

财政补贴是一种影响相对价格结构，从而可以改变资源配置结构、供给结构和需求结构的政府无偿支出。财政补贴总与相对价格的变动联系在一起，或者是财政补贴引起价格变动，或者是价格变动导致财政补贴。因此，财政补贴也称为价格补贴。财政补贴可以分为以下类型：

1. 物价补贴

物价补贴是国家为了弥补因价格体制或政策原因，造成人民生活水平降低或企业利润减少而支付的补贴。比如，当市场价格过低，农民增产不增收时，政府为保护农民利益，按保护价敞开收购粮食，实行的就是农产品物价补贴。实行物价补贴后，农产品的相对价格提高了，能够保证农民的收入，有利于农业的发展。

2. 税式支出

税式支出是指国家财政对某些纳税人和课税对象给予的税收优惠，包括减税、免税、退税、税收抵免等。税收优惠从表面上看是减少国家的财政收入，但究其实质是国家给享受税收优惠纳税人的一种补贴，在功能和效果上都是在执行国家的支出计划，类似于国家的财政支出。

3. 进出口补贴

进口补贴是国家为体现产业政策，给予进口国家急需产品的进口商的一种补贴；出口补贴是国家为降低出口商品的成本和价格，提高商品在国际市场上的竞争力，给予出口商和出口商品生产者的补贴。

（二）财政补贴的作用

第一，财政补贴是国家调节国民经济和社会生活的重要杠杆。运用财政补贴特别是价格补贴，能够保持市场销售价格的基本稳定；保证城乡居民的基本生活水平；有利于合理分配国民收入；有利于合理利用和开发资源。

第二，补贴范围过广，项目过多也会扭曲比价关系，削弱价格作为经济杠杆的作用，妨碍正确核算成本和效益，掩盖企业的经营性亏损，不利于促使企业改善经营管理；如果补贴数额过大，超越国家财力所能，就会造成国家财政的沉重负担，影响经济建设规模，阻滞经济发展速度。

三、税式支出的分类与形式

（一）税式支出的基本分类

税式支出是对基准税制的一种偏离方式，且这种偏离减少了政府收入或构成政府的支出。它是指国家财政对某些纳税人和课税对象给予的税收优惠。从税式支出所发挥的作用来看，可分为以下类型：

1. 照顾性税式支出

照顾性税式支出，主要是针对纳税人由于客观原因在生产经营上发生临时困难而无力纳税所采取的照顾性措施。例如，国有企业由于受到扭曲的价格等因素的干扰造成政策性亏损，或纳税人由于自然灾害造成暂时性的财务困难，政府除了用预算手段直接给予财政补贴外，还可以采取税式支出的办法，减少或免除这类纳税人的纳税义务。这类税式支出的目的在于扶植国家希望发展的亏损或微利企业以及外贸企业，以求国民经济各部门的发展保持基本平衡。

2. 刺激性税式支出

刺激性税式支出，主要是指用来改善资源配置、提高经济效率的特殊减免规定，主要目的在于正确引导产业结构、产品结构、进出口结构以及市场供求，促进纳税人开发新产品、新技术以及积极安排劳动就业等。这类税式支出是税收优惠政策的主要方面，税收调节经济的杠杆作用也主要表现于此，如我国对高新技术企业的税收优惠措施。

（二）税式支出的主要形式

1. 税收豁免

税收豁免是指在一定期间内，对纳税人的某些所得项目或所得来源不予课税，或将其某些活动不列入课税范围等，以豁免其税收负担。至于豁免期和豁免税收项目，应视当时的经济环境和政策而定。例如，我国现行税制规定，对个人的国债利息免征个人所得税。

2. 纳税扣除

纳税扣除是指准许企业把一些合乎规定的特殊支出，以一定的比例或全部从应税所得中扣除，以减轻其税负，如我国现行税制中在计算企业所得税时对公益性捐赠的扣除规定。

3. 税收抵免

税收抵免是指允许纳税人把某种合乎奖励规定的支出，以一定比例从其应纳税额中扣除，以减轻其税负。其主要形式如下：

（1）投资抵免。投资抵免因其性质类似于政府对私人投资的一种补助，故亦称之为投资津贴。它是指政府规定凡对可折旧性资产投资者，其可在当年应付公司所得税税额中，扣除相当于新投资设备某一比例的税额，以减轻其税负，借以促进资本形成并增强经济增长的潜力。通常，投资抵免是鼓励投资以刺激经济复苏的短期税收措施。

（2）国外税收抵免。国外税收抵免常见于国际税收业务中，即纳税人在居住国汇总计算国外的收入所得税时，准予扣除其在国外的已纳税款。国外税收抵免与投资抵免的主要区别在于，国外税收抵免是为了避免国际双重征税，使纳税人的税收负担公平；投资抵免是为了刺激投资，促进国民经济的增长与发展，它恰恰是通过造成纳税人的税收负担不平等来实现的。

4. 延期纳税

延期纳税是指允许纳税人对那些合乎规定的税收，延期缴纳或分期缴纳其应负担的税额。延期纳税，等于使纳税人得到一笔无息贷款，能在一定程度上帮助纳税人解除财务上的困难。采取这种办法，政府的负担也较轻微，因为政府只是延后收税而已，只会损失一点利息。

第三节 财政收入的分类

提供公共产品，满足社会公共需要，是财政活动的主要目的。而要实现这一目的，政府必须首先获得提供公共产品的财政资金。因此，财政收入是政府为满足社会公共需要，依据一定的权力原则，通过国家财政，从企事业单位和居民个人收入中集中的一定数量的货币或实物资产收入。

一、财政收入分类的依据

财政收入分析可以从多个角度进行，如可以从财政收入的形式、来源、规模和结构等多角度进行分析。而诸种分析顺利进行的首要条件是，要对财政收入做科学的分类。财政收入分类的必要性源于财政收入的复杂性。如从财政作为以国家为主体的分配活动的角度来看，应将财政收入理解为一个分配过程，这一过程是财政分配活动的一个阶段或一个环节，在其中形成特定的财政分配关系。在商品经济条件下，财政收入是以货币来度量的，从这个意义上来理解，财政收入又是一定量的货币收入，即国家占有的以货币表现的一定量的社会产品的价值，主要是剩余产品价值。

财政收入的复杂性又使得财政收入的分类多种多样。各国财政学者都十分重视财政收入分类，并根据研究角度的不同和对实践分析的不同需要有各不相同的分类主张。可见，财政收入是一个复杂的体系，为便于对财政收入进行分析，人们通常按一定的标准对财政收入加以分类。但对财政收入进行的能够具有理论和实践价值的分类，似乎应合乎两个方面的要求：①与财政收入的性质相吻合，由于财政收入既是一个分配过程，又是一定量的货币收入，具有两重性质，所以，财政收入分类应体现这一特点；②同各国实际相适应。如我国是发展中的社会主义国家，经济中的所有制结构和部门结构与其他国家有较大的差别，财政收入构成自然也与其他国家不同，财政收入分类必须反映这一现实。

二、财政收入的类型划分

（一）依据财政收入的来源分类

经济作为财政的基础和财政收入的来源，对财政分配过程和财政收入本身具有决定作用。无论国家以何种方式参与国民收入分配，财政收入过程总是和该国的经济制度和经济运行密切相关。如果把财政收入视为一定量的货币收入，它总是来自国民收入的分配和再分配。

现实中，财政收入总体上来源于国民生产总值，而国民生产总值又是由全国不同的单位、部门、地区创造的。因此，按财政收入来源对财政收入进行分类，可以选择两个不同的标准，或者说包括两种不同的分类：①以财政收入来源中的所有制结构为标准，可以将财政收入分为国有经济收入、集体经济收入、股份制经济收入、中外合营经济收入、私营经济收入、外商投资和外商独资经济收入、个体经济收入等；②以财政收入来源中的部门结构为标准，可以将财政收入分为工业部门收入、农业部门收入、商业部门收入、建筑部门收入和其他部门收入等，其中，工业部门收入又可以分为轻工业部门收入和重工业部门收入。

按财政收入来源对财政收入进行分类，有利于研究财政与经济之间的制衡关系，把握经济活动及其结构对财政收入规模及构成的决定作用，明确财政收入政策对经济运行的影响，从而有利于选择财政收入的适当规模和结构，并建立经济决定财政、财政影响经济的和谐运行机制。

（二）依据财政收入的形式分类

按财政收入形式分类，是指以财政收入的形式依据为标准进行分类。收入依据不同，财政收入的表现形式也不同。通常，把财政收入分为税收和其他收入两大类。这种分类的好处是突出了财政收入中的主体收入，即国家凭借政治权力占有的税收。税收收入形成的依据是国家的政治管理权，它在财政收入中占据主导地位，它为一般的财政支出提供基本的资金来源，同时也是政府实施经济管理和调控的重要手段。其他形式的财政收入可以统称为非税收入，各有其特定的形式依据，反映不同的收入关系，在财政收入中所占份额相对较小。对其他财政收入还可以进一步划分为企业收入、债务收入以及其他收入等。

按财政收入形式通常又可将财政收入分为经常性收入和非经常性收入（临时性收入）。经常性收入主要是指税收和各种收费，非经常性收入是指债务收入和其他收入。

（三）依据财政收入的管理方式分类

按财政收入管理方式的不同，可以将财政收入分为预算内财政收入和预算外财政收入。预算内财政收入是指统一纳入国家预算、按国家预算立法程序实行规范管理、由各级政府统一安排使用的财政收入。目前，我国预算内财政收入项目包括各项税收，专项收入（如排污费、教育费附加收入），其他收入（如基本建设收入、捐赠收入），国有企业亏损补贴。预算外财政收入是指各级政府依据具有法律效力的法规，采取收费形式而形成的专项资金或专项基金。专项资金和专项基金的共同特征在于：①在使用上由收费各部门安排使用；②在统计上未纳入财政收入统计。

第四节 财政收入的结构

一、财政收入部门结构

进行财政收入部门结构分析，在于说明各生产流通部门在提供财政收入中的贡献及其贡献程度。我国工业部门对财政收入的贡献最大。这里的部门有双重含义：①按传统意义上的部门分类，分为工业、农业、建筑业、交通运输业及服务业等；②按现代意义上的产业分类，分为第一产业、第二产业和第三产业。这两种分类的依据虽然不一样，但对财政收入部门结构分析的意义是一致的。

由于各个国家的产业结构总是处在不断地调整和变化中，因此，在行业间存在平均利润率作用的情况下，财政收入的部门结构分析可以通过不同部门提供的收入在全部财政收入中的比重来反映不同产业部门在国民经济中的地位，提供财政收入比重较高的部门通常在国民经济中处于较重要的地位，反之则地位较弱。这种结构状态如果与各产业在国民经济结构中的实际地位相一致，又与政府产业政策的取向基本一致，则可以维持目前政府与各部门之间的分配关系；而如果这种结构与各产业在国民经济中的实际地位不一致，则反映了财政现行分配政策上的偏向性。如果要追求收入分配的中性政策，则应对现行分配政策进行调整。

二、财政收入分项目构成

分析财政收入分项目构成，是指按财政收入形式分析财政收入的结构及其变化的趋势。这种结构的变化，是我国财政收入制度变化的反映。

在过去的计划经济体制下，财政收入对国有企业主要采取上缴利润和税收两种形式。由于实行统收统支体制，区分上缴利润和税收并没有实质性的意义，而且长期存在简化税制、"以利代税"的倾向，所以直到改革开放前夕，以上缴利润为主的企业收入项目仍占财政收入的50%以上。改革开放后，随着经济体制改革的逐步深化，税收才逐步取代上缴利润，至今已占主导地位。

三、财政收入所有制构成

财政收入所有制构成是指来自不同经济成分的财政收入所占的比重。这种结构分析的意义，在于说明国民经济所有制构成对财政收入规模和结构的影响及其变化趋势，从而采取相应的增加财政收入的有效措施。研究财政收入的所有制结构是国家制定财政政策、制度，正确处理国家同各种所有制经济之间财政关系的依据。

财政收入按经济成分分类，包括来自国有经济成分的收入和来自非国有经济成分的收入两个方面。对财政收入做进一步细分，则有来自全民所有制经济的收入、来自集体所有制经济的收入、来自私营经济的收入、来自个体经济的收入、来自外资企业的收入、来自中外合资经营企业的收入和来自股份制企业的收入。我国经济以公有制为主体，国有经济居支配地位，同时允许并鼓励发展城乡个体经济、私营经济、中外合资经营企业和外商独资企业。

第七章 政府预算与财政政策

第一节 政府预算的组织程序

一、政府预算编制

（一）政府预算编制情况

西方国家的政府预算一般是由行政部门编制的，由立法机关编制的情况是例外。由行政机关编制的预算，称为行政预算；由立法机关编制的预算，称为立法预算。预算的编制工作可分为草案的编制和概算的核定两部分。

1. 预算草案的具体编制

预算草案的具体编制，根据主持具体编制工作机构的不同可以分成以下类型：

（1）由财政部门主持预算编制工作，内容包括收入和支出两部分，由政府部门负责指导政府各部门编制支出预算草案并审核和协调这些草案；同时根据各种经济统计资料和预测，编制收入预算草案；最后综合收入和支出两部分，形成预算草案，并将其提交给有法定预算提案权的机构或个人核定。

（2）由政府特设的预算机关主持预算编制工作，而财政部门只负责编制收入预算。分开编制的理由是为了保证支出和收入预算有更多的合理性和客观性。

2. 预算草案概算的核定

预算草案（概算）的核定也有两种类型：①由内阁核定概算，如英国、法国、德国、意大利、日本等；②由总统核定概算，如美国。

根据实行市场经济国家的经验，以及我国《中华人民共和国预算法》（以下简称《预算法》）的有关规定，我国现行的政府预算编制采用部门预算作为基本组织形式。按照预算周期管理的要求，从我国现有的改革经验来看，预算编制时间是前一年3—12月。在这一阶段，财政部门作为预算编制的牵头单位，根据国务院下达的关于编制下一年度预算草案的指示，与各有关方面和有关部门搞好工作沟通、协作与配合，具体负责预算编制的组织、协调、审核，具体编制预算草案报政府审定，各地方政府应按国务院规定的时间，将本级总预算草案报国务院审核。预算草案经审核、汇总，报各级人民代表大会批准后，批复到各部门执行。

（二）我国政府预算编制

国务院应当及时下达关于编制下一年预算草案的通知。编制预算草案的具体事项由国务院财政部门部署。各级政府、各部门、各单位应当按照国务院规定的时间编制预算草案。

1. 预算草案编制

（1）各级预算应当根据年度经济社会发展目标、国家宏观调控总体要求和跨年度预算平衡的需要，参考上一年预算执行情况、有关支出绩效评价结果和本年度收支预测，按照规定程序征求各方面意见后，进行编制。

（2）各级政府依据法定权限做出决定或者制定行政措施，凡涉及增加或者减少财政收入或者支出的，应当在预算批准前提出并在预算草案中做出相应安排。各部门、各单位应当按照国务院财政部门制定的政府收支分类科目、预算支出标准和要求，以及绩效目标管理等预算编制规定，根据其依法履行职能和事业发展的需要及存量资产情况，编制本部门、本单位预算草案。

（3）各级预算收入的编制，应当与经济社会发展水平相适应，与财政政策相衔接。各级政府、各部门、各单位应当依照预算法规定，将所有政府收入全部列入预算，不得隐瞒、少列。各级预算支出应当依照预算法规定，按其功能和经济性质分类编制。各级预算支出的编制，应当贯彻勤俭节约的原则，严格控制各部门、各单位的机关运行经费和楼堂馆所等基本建设支出。各级一般公共预算支出的编制，应当统筹兼顾，在保证基本公共服务合理需要的前提下，优先安排国家确定的重点支出。

（4）中央一般公共预算中必须的部分资金，可以通过举借国内和国外债务等方式筹措。举借债务应当控制适当的规模，保持合理的结构。对中央一般公共预算中举借的债务实行余额管理，余额规模不得超过全国人民代表大会批准的限额。国务院财政部门具体负责对中央政府债务的统一管理。

（5）地方各级预算按照量入为出、收支平衡的原则编制，除预算法另有规定外，不列赤字。经国务院批准的省、自治区、直辖市的预算中必须的建设投资的部分资金，可以在国务院确定的限额内，通过发行地方政府债券的方式筹措。举借债务的规模，由国务院报全国人民代表大会或者全国人民代表大会常务委员会批准。省、自治区、直辖市依照国务院下达的限额举借的债务，列入本级预算调整方案，报本级人民代表大会常务委员会批准。举借的债务应当有偿还计划和稳定的偿还资金来源，只能用于公益性资本支出，不得用于经常性支出。

（6）除法律另有规定外，地方政府及其所属部门不得为任何单位和个人的债务以任何方式提供担保。国务院建立地方政府债务风险评估和预警机制、应急处置机制及责任追究制度。国务院财政部门对地方政府债务实施监督。

（7）一般性转移支付应当按照国务院规定的基本标准和计算方法编制。专项转移支付应当分地区、分项目编制。县级以上各级政府应当将对下级政府的转移支付预计数提前下达下级政府。地方各级政府应当将上级政府提前下达的转移支付预计数编入本级预算。

（8）中央预算和有关地方预算中应当安排必要的资金，用于扶助革命老区、民族地区、边疆地区、贫困地区发展经济建设。

（9）各级一般公共预算应当按照本级一般公共预算支出额的1%~3%设置预备费，用于当年预算执行中的自然灾害等突发事件处理增加的支出及其他难以预见的开支。

（10）各级一般公共预算按照国务院的规定可以设置预算周转金，用于本级政府调剂预算年度内季节性收支差额。各级一般公共预算按照国务院的规定可以设置预算稳定调节基金，用于弥补以后年度预算资金的不足。

（11）各级政府上一年预算的结转资金，应当在下一年用于结转项目的支出；连续2年未用完的结转资金，应当作为结余资金管理。各部门、各单位上一年预算的结转、结余资金按照国务院财政部门的规定办理。

2. 实行部门预算

部门预算，是指政府部门依据国家有关政策法规及其履行职能需要，由基层单位开始编制，逐级上报、审核、汇总，经财政部门审核后提交立法机关依法批准的涵盖部门各项收支的年度财政收支计划。部门预算制度是市场经济国家财政预算管理的基本形式。实行部门预算制度，需要将部门的各种财政性资金、部门所属单位收支全部纳入在一本预算中编制。

部门预算收支，既包括行政单位预算，又包括所属事业单位预算；既包括一般收支预算，又包括政府基金收支预算；既包括基本支出预算，又包括项目支出预算；既包括财政部门直接安排的预算，又包括有预算分配权部门安排的预算。建立部门预算制度具有以下意义：

（1）实行部门预算，统一了预算分配权，实现了预算编制的统一性，增强了预算的透明度，提高了预算分配的规范性和完整性。

（2）通过加强结余资金管理、引入绩效评价等，增强了预算管理的科学性，提高了财政资源配置效率和财政资金使用效益。

（3）确立了部门作为部门预算主体的地位，承担着预算管理责任，部门财权与事权相结合，有利于提高政府宏观调控和各部门统筹安排资金的能力，有利于推动部门和行业事业发展。

（4）预算从基层编起，经过部门审核汇总、财政综合平衡，再报政府审定、人大审批，使预算形成的链条更加严密，增强了预算决策的科学化和民主化，预算法治性约束大大增强，有效地规范了政府的管财行为、财政的理财行为和部门的用财行为。

3. 预算管理

"政府预算管理应积极顺应时代的发展，围绕不断满足人民美好生活需要、促进全体人民共同富裕的新发展目标，贯彻新发展理念，加快构建以国内大循环为主体、国内国际双循环相互促进的新发展格局，不断深化改革。"①

（1）预算管理方式。自2011年1月1日起，中央各部门各单位的教育收费作为本部门的事业收入，纳入财政专户管理，收缴比照非税收入收缴管理制度执行；中央部门预算外收入全部上缴中央国库，支出通过公共财政预算或政府性基金预算安排。其中，交通运输部集中的航道维护收入纳入政府性基金预算管理；中央部门收取的主管部门集中收入、国有资产出租出借收入、广告收入、捐赠收入、回收资金、利息收入等预算外收入纳入一般预算管理，使用时用于收入上缴部门的相关支出，专款专用。

（2）收入预算级次和支出安排原则。预算外收入纳入预算管理后，收入预算级次保持不变，原上缴中央财政专户的收入上缴中央国库。预算外收入纳入预算管理后，相应取消全部预算外收支科目。地方各级财政部门要按照国务院关于把政府所有收支全部纳入预算管理的规定，在2011年1月1日以前将全部预算外收入纳入预算管理。

（3）将预算外资金纳入预算管理的重要意义，主要包括：①将预算外资金纳入预算管理，将改变过去资金分散管理、切块存放的状态，使各项收支活动成为有机统一的整体，有利于加强财政资金管理，增强财政预算的完整性，充分发挥财政调控职能；②有利于完善预算分配制度，进一步提高财政管理水平，推动加快建立由公共财政预算、国有资本经

① 鄢志娟. 新发展阶段政府预算管理面临的挑战及改革 [J]. 预算管理与会计，2021（11）：31.

营预算、政府性基金预算和社会保险基金预算组成的有机衔接的政府预算体系；③预算外资金纳入预算管理，使预算外资金收支全过程处于人大、政府及其财政部门的监督之下，有利于规范预算管理，提高依法理财的水平，有利于从源头上预防腐败。

二、政府预算审批

政府预算是以年度计划的形式，对依法征收的部分国民收入进行集中统一分配的活动，是国家管理社会经济事务、实施宏观调控的重要手段，在整个国家的政治经济生活中具有十分重要的地位，对社会经济各项事业建设和发展起着举足轻重的作用。政府预算审批阶段，是指国家立法机关对预算草案进行审查、批准和确立其法律地位的阶段。

（一）政府预算审批情况

在西方国家，审批政府预算的权力属于国家立法机构，即议会。议会制从结构上基本可以分为一院制和两院制两种类型。在实行一院制的国家中，政府预算直接由议会批准。在实行两院制的国家中，大部分国家议会的两院都有批准政府预算的权力。

不论是两院制还是一院制，行政机关将总预算草案提交议会后，议会的全院大会首先对草案进行一般性的广泛发言，再由各种常设的委员会进行具体审查。常设委员会一般有预算支出审核委员会和预算收入审核委员会，还有一些国家设有综合性的预算委员会，负责进行预算收支的平衡工作。预算支出审核委员会又经常设若干审核委员会小组，对各个政府机关的部门预算草案进行初步审核；经过委员会审核阶段后，再由全院大会根据审核报告进行审议表决。

（二）我国政府预算审批

1. 政府预算备案

（1）乡、民族乡、镇政府应当及时将经本级人民代表大会批准的本级预算报上一级政府备案。县级以上地方各级政府应当及时将经本级人民代表大会批准的本级预算及下一级政府报送备案的预算汇总，报上一级政府备案。

（2）县级以上地方各级政府将下一级政府依照规定报送备案的预算汇总后，报本级人民代表大会常务委员会备案。国务院将省、自治区、直辖市政府依照规定报送备案的预算汇总后，报全国人民代表大会常务委员会备案。

（3）国务院和县级以上地方各级政府对下一级政府依照预算法规定报送备案的预算，认为有同法律、行政法规相抵触或者有其他不适当之处，需要撤销批准预算的决议的，应当提请本级人民代表大会常务委员会审议决定。

2. 政府预算批复

（1）各级预算经本级人民代表大会批准后，本级政府财政部门应当在 20 日内向本级各部门批复预算。各部门应当在接到本级政府财政部门批复的本部门预算后 15 日内向所属各单位批复预算。

（2）中央对地方的一般性转移支付应当在全国人民代表大会批准预算后 30 日内正式下达。中央对地方的专项转移支付应当在全国人民代表大会批准预算后 90 日内正式下达。

（3）省、自治区、直辖市政府接到中央一般性转移支付和专项转移支付后，应当在 30 日内正式下达到本行政区域县级以上各级政府。

（4）县级以上地方各级预算安排对下级政府的一般性转移支付和专项转移支付，应当分别在本级人民代表大会批准预算后的 30 日和 60 日内正式下达。

（5）对自然灾害等突发事件处理的转移支付，应当及时下达预算；对据实结算等特殊项目的转移支付，可以分期下达预算，或者先预付后结算。

（6）县级以上各级政府财政部门应当将批复本级各部门的预算和批复下级政府的转移支付预算，抄送本级人民代表大会财政经济委员会、有关专门委员会和常务委员会有关工作机构。

3. 预算草案初审

初审是人民代表大会审查预算的基础，直接影响人民代表大会审查和批准预算的质量。

（1）国务院财政部门应当在每年全国人民代表大会会议举行的 45 日前，将中央预算草案的初步方案提交全国人民代表大会财政经济委员会进行初步审查。省、自治区、直辖市政府财政部门应当在本级人民代表大会会议举行的 30 日前，将本级预算草案的初步方案提交本级人民代表大会有关专门委员会进行初步审查。设区的市、自治州政府财政部门应当在本级人民代表大会会议举行的 30 日前，将本级预算草案的初步方案提交本级人民代表大会有关专门委员会进行初步审查，或者送交本级人民代表大会常务委员会有关工作机构征求意见。县、自治县、不设区的市、市辖区政府应当在本级人民代表大会会议举行的 30 日前，将本级预算草案的初步方案提交本级人民代表大会常务委员会进行初步审查。

（2）县、自治县、不设区的市、市辖区、乡、民族乡、镇的人民代表大会举行会议审查预算草案前，应当采用多种形式，组织本级人民代表大会代表，听取选民和社会各界的意见。报送各级人民代表大会审查和批准的预算草案应当细化。本级一般公共预算支出，按其功能分类应当编列到项；按其经济性质分类，基本支出应当编列到款。本级政府性基金预算、国有资本经营预算、社会保险基金预算支出，按其功能分类应当编列到项。

（3）全国人民代表大会财政经济委员会对中央预算草案初步方案及上一年预算执行情况、中央预算调整初步方案和中央决算草案进行初步审查，提出初步审查意见。省、自治区、直辖市人民代表大会有关专门委员会对本级预算草案初步方案及上一年预算执行情况、本级预算调整初步方案和本级决算草案进行初步审查，提出初步审查意见。设区的市、自治州人民代表大会有关专门委员会对本级预算草案初步方案及上一年预算执行情况、本级预算调整初步方案和本级决算草案进行初步审查，提出初步审查意见，未设立专门委员会的，由本级人民代表大会常务委员会有关工作机构研究提出意见。

县、自治县、不设区的市、市辖区人民代表大会常务委员会对本级预算草案初步方案及上一年预算执行情况进行初步审查，提出初步审查意见。县、自治县、不设区的市、市辖区人民代表大会常务委员会有关工作机构对本级预算调整初步方案和本级决算草案研究提出意见。设区的市、自治州以上各级人民代表大会有关专门委员会进行初步审查、常务委员会有关工作机构研究提出意见时，应当邀请本级人民代表大会代表参加。

4. 预算草案质审

（1）国务院在全国人民代表大会举行会议时，向全国人民代表大会作关于中央和地方预算草案及中央和地方预算执行情况的报告。地方各级政府在本级人民代表大会举行会议时，向本级人民代表大会作关于总预算草案和总预算执行情况的报告。

（2）全国人民代表大会和地方各级人民代表大会对预算草案及其报告、预算执行情况的报告，应重点审查相关内容：①上一年预算执行情况是否符合本级人民代表大会预算决议的要求；②预算安排是否符合《预算法》的规定；③预算安排是否贯彻国民经济和社会发展的方针政策，收支政策是否切实可行；④重点支出和重大投资项目的预算安排是否适当；⑤预算的编制是否完整，是否符合《预算法》的规定；⑥对下级政府的转移性支出预算是否规范、适当；⑦预算安排举借的债务是否合法、合理，是否有偿还计划和稳定的偿还资金来源；⑧与预算有关重要事项的说明是否清晰。

（3）全国人民代表大会财政经济委员会向全国人民代表大会主席团提出关于中央和地方预算草案及中央和地方预算执行情况的审查结果报告。省、自治区、直辖市、设区的市、自治州人民代表大会有关专门委员会，县、自治县、不设区的市、市辖区人民代表大会常务委员会，向本级人民代表大会主席团提出关于总预算草案及上一年总预算执行情况的审查结果报告。审查结果报告应当包括相关内容：①对上一年预算执行和落实本级人民代表大会预算决议的情况作出评价；②对本年度预算草案是否符合《预算法》的规定、是否可行做出评价；③对本级人民代表大会批准预算草案和预算报告提出建议；④对执行年度预算、改进预算管理、提高预算绩效、加强预算监督等提出意见和建议。

三、政府预算执行

政府预算的执行阶段，是整个政府预算组织程序中的重要环节，是在预算管理机关的指导和监督下，由具体主管机构负责收入入库、资金拨付及预算调整等。

（一）政府预算执行情况

政府预算执行，是指各级政府财政部门和其他预算主体在组织政府预算收入、安排政府预算支出、组织预算平衡和行使预算监督中的实践性活动。它是组织政府预算收支计划实现的关键环节，是把政府预算由可能变为现实的必经步骤。

政府预算执行是一项经常性的工作。从整个预算管理工作来看，预算和决算的编制工作，一般在时间上相对集中；而预算收支的执行工作，则是从财政年度开始到结束，每天都要进行的一项经常性工作。

政府预算执行是实现政府预算各项收支任务的中心环节。编制政府预算时，政府预算目标是根据当时国家政治经济形势和国民经济与社会发展规划，以及有关财政收支规则确定的。要真正实现这一目标，就必须依靠全国各地、各部门和各单位，在整个预算年度内每天都要进行大量艰苦细致的组织执行工作，才能达到预期目标。

政府预算执行情况和结果是政府预算编制的基础。年度预算是预算执行的依据，当年预算执行情况和结果又是设计下一个年度预算的基础。只有做好预算执行工作，才能为设计下一年度预算提供良好的依据。

预算执行过程中，需要随着客观情况的变化，组织新的平衡。预算执行工作本身经历着预算收支从平衡到不平衡，再由不平衡到平衡这样一个过程。这里的预算收支平衡只是相对的平衡，因为在预算执行过程中，由于国家政治经济形势的发展变化与人们对未来计划目标的预测在主观上的不准确性，通常会出现超收、短收或超支、节支的情况。

（二）我国政府预算执行

政府预算草案经过人民代表大会的审批程序后，就成为正式的法案，进入政府预算的执行阶段。按照预算法的有关规定，各级预算由本级政府组织执行，具体工作由本级政府财政部门负责。各部门、各单位是本部门、本单位的预算执行主体，负责本部门、本单位的预算执行，并对执行结果负责。

1. 预算草案审批前支出

预算年度开始后，各级预算草案在本级人民代表大会批准前，可以安排相应支出：①上一年度结转的支出；②参照上一年同期的预算支出数额安排必须支付的本年度部门基本支出、项目支出，以及对下级政府的转移性支出；③法律规定必须履行支付义务的支出，以及用于自然灾害等突发事件处理的支出。

预算经本级人民代表大会批准后，按照批准的预算执行。

预算收入征收部门和单位，必须依照法律、行政法规的规定，及时、足额征收应征的预算收入。不得违反法律、行政法规规定，多征、提前征收或者减征、免征、缓征应征的预算收入，不得截留、占用或者挪用预算收入。各级政府不得向预算收入征收部门和单位下达收入指标。

政府的全部收入应当上缴国家金库（以下简称国库），任何部门、单位和个人不得截留、占用、挪用或者拖欠。对于法律有明确规定或者经国务院批准的特定专用资金，可以依照国务院的规定设立财政专户。

2. 预算执行制度

预算执行制度是政府预算制度的重要组成部分，是预算实施的关键环节。

（1）建立国库集中收付制度。从 2001 年开始，我国正式实施国库管理制度改革。改革目标是将传统的财政资金银行账户管理体系和资金缴拨方式，改为以国库单一账户体系为基础、资金缴拨以国库集中收付为主要形式的财政国库管理制度。主要内容包括：①取消各部门在商业银行开设的账户，建立以财政部门为主体的国库单一账户体系，所有财政性资金全部在国库单一账户体系中运作，由财政部门统一管理；②规范财政性资金收缴方式，对政府财政收入分别实行直接缴库和集中汇缴制度，取消各征收单位自行开设和管理的收入过渡账户，所有收入通过代理银行直接缴入国库或财政专户；③改变财政资金分散拨付方式，由财政部门根据不同支付主体，对不同类型的支出分别采取财政直接支付和财政授权支付等方式，将以往通过各部门转拨的财政性资金，改为财政部门通过国库单一账户体系直接支付或授权各部门支付到个人、用款单位或者商品供应商和劳务提供者。

建立国库集中收付制度的意义主要包括：①加强了对预算执行过程的监督控制，以国库单一账户体系为基础的电子化监控系统，从根本上加强了事前和事中监督；②提高了预算执行管理信息的透明度，从根本上改变了传统的财政资金运行机制，实现了由层层"中转"变"直达"用款单位和个人；③增强了财政宏观调控能力。国库现金流量由过去各单位分散持有，转变为财政部门统一持有和管理，有利于保证重点支出和预算的正常执行，有利于加强财政政策与货币政策的协调实施，加强了宏观调控。

（2）实行政府采购制度。政府采购是指各级国家机关、事业单位和团体组织，使用财政性资金采购依法制定的集中采购目录以内的或者采购限额标准以上的货物、工程和服务的行为。将公用支出和项目支出中的大宗的设备购置，以及财政投资的基本建设项目，通过公开招标、竞争性谈判等方式，实行政府集中统一采购。政府采购运行机制实行集中采购与分散采购相结合，以集中采购为主、分散采购为辅；公开招标采购与非公开招标采购相结合；委托采购与自行采购相结合。实行政府采购制度，需要科学编制政府采购年度预算，为政府采购提供有效依据，提高政府采购的效益。

3. 政府预算调整

经全国人民代表大会批准的中央预算和经地方各级人民代表大会批准的地方各级预算，在执行中出现相关情况之一的，应当进行预算调整：①需要增加或者减少预算总支出的；②需要调入预算稳定调节基金的；③需要调减预算安排的重点支出数额的；④需要增加举借债务数额的。

在预算执行中，各级政府一般不制定新的增加财政收入或者支出的政策和措施，也不制定减少财政收入的政策和措施；必须做出并需要进行预算调整的，应当在预算调整方案中做出安排。在预算执行中，各级政府对于必须进行的预算调整，应当编制预算调整方案。预算调整方案应当说明预算调整的理由、项目和数额。

在预算执行中，由于发生自然灾害等突发事件，必须及时增加预算支出的，应当先动用预备费；预备费不足支出的，各级政府可以先安排支出，属于预算调整的，列入预算调整方案。

国务院财政部门应当在全国人民代表大会常务委员会举行会议审查和批准预算调整方案的 30 日前，将预算调整初步方案送交全国人民代表大会财政经济委员会进行初步审查。

省、自治区、直辖市政府财政部门应当在本级人民代表大会常务委员会举行会议审查和批准预算调整方案的 30 日前，将预算调整初步方案送交本级人民代表大会有关专门委员会进行初步审查。

设区的市、自治州政府财政部门应当在本级人民代表大会常务委员会举行会议审查和批准预算调整方案的 30 日前，将预算调整初步方案送交本级人民代表大会有关专门委员会进行初步审查，或者送交本级人民代表大会常务委员会有关工作机构征求意见。

县、自治县、不设区的市、市辖区政府财政部门应当在本级人民代表大会常务委员会举行会议审查和批准预算调整方案的 30 日前，将预算调整初步方案送交本级人民代表大会常务委员会有关工作机构征求意见。

中央预算的调整方案应当提请全国人民代表大会常务委员会审查和批准；县级以上地方各级预算的调整方案应当提请本级人民代表大会常务委员会审查和批准；乡、民族乡、镇预算的调整方案应当提请本级人民代表大会审查和批准。未经批准，不得调整预算。

在预算执行中，地方各级政府因上级政府增加不需要本级政府提供配套资金的专项转移支付而引起的预算支出变化，不属于预算调整。接受增加专项转移支付的县级以上地方各级政府应当向本级人民代表大会常务委员会报告有关情况；接受增加专项转移支付的乡、民族乡、镇政府应当向本级人民代表大会报告有关情况。

四、政府预算监督

（一）政府预算监督说明

政府预算监督阶段，是整个政府预算工作程序的最后一个环节，主要是指对政府预算的复查和审计决算。复查，是为了编制出反映预算年度内预算执行情况的决算报告；对决算报告的审计，则是监督政府预算资金是否按照通过的法案分配使用。其作用是对全年政府收支预算的执行情况及其结果进行总结性检查，从中发现实际收支数是否符合通过的预算指标，有无超支短收或者违反财政法令等情况。

政府预算监督的程序主要包括：①由各执行机关在年度终了时编制并提出年度收支情况报告；②审计机关审核后，提出审查报告；③该审查报告经批准后即宣告正式决算成立。

（二）我国政府预算监督

根据预算法的规定，全国人民代表大会及其常务委员会对中央和地方预算进行监督。县级以上地方各级人民代表大会及其常务委员会对本级和下级预算进行监督。乡、民族乡、镇人民代表大会对本级预算进行监督。

各级人民代表大会和县级以上各级人民代表大会常务委员会有权就预算中的重大事项或者特定问题组织调查，有关的政府、部门、单位和个人应当如实反映情况和提供必要的材料。各级人民代表大会和县级以上各级人民代表大会常务委员会举行会议时，人民代表大会代表或者常务委员会组成人员，依照法律规定程序就预算、决算中的有关问题提出询问或者质询，受询问或者受质询的有关政府或者财政部门必须及时给予答复。

国务院和县级以上地方各级政府应当在每年6—9月期间向本级人民代表大会常务委员会报告预算执行情况。各级政府监督下级政府的预算执行；下级政府应当定期向上一级政府报告预算执行情况。

各级政府财政部门负责监督、检查本级各部门及其所属各单位预算的编制、执行，并向本级政府和上一级政府财政部门报告预算执行情况。

县级以上政府审计部门依法对预算执行、决算实行审计监督。对预算执行和其他财政收支的审计工作报告应当向社会公开。

政府各部门负责监督、检查所属各单位的预算执行，及时向本级政府财政部门反映本部门的预算执行情况，依法纠正违反预算的行为。

公民、法人或者其他组织发现有违反《预算法》规定的行为，可以依法向有关国家机关进行检举、控告。

第二节　政府预算的收支划分

在我国，财政体制有广义和狭义之分：广义财政体制的内涵比较广泛，它包括政府预算管理体制、税收管理体制、国有企业财务管理体制、行政事业单位财务管理体制、基本建设财务管理体制等；狭义的财政体制就是指政府预算管理体制。通常对财政体制中问题的分析，基本上是以狭义财政体制为研究对象的。

政府预算管理体制，是指在特定的行政体制下，通过一定的方式调节政府间财力分配的基本制度。具体地说，它是国家在中央与地方及地方各级政府之间，划分财政收支范围和预算管理权限的一项根本制度。

政府预算管理体制是国民经济管理体制的重要组成部分，也是政府预算制度的一个重要组成部分。作为处理政府财权划分的一项制度，政府预算管理体制属于上层建筑范畴，它反映着特定经济基础要求并由其所规范和界定着财政的一切活动，它由财政分配关系决定，必须与各个特定时期的财政分配关系相适应。因为政府预算管理体制是以制度的形式处理中央政府与地方政府之间集中与分散的财政分配关系，解决中央与地方政府之间集权与分权的问题。

一、政府预算收支划分的原则

"作为政府预算制度中的关键模块，科学完善的预算收支分类体系对于实现国家治理现代化，不可或缺。"① 正确划分各级财政收支，是预算管理体制设计和选择时必须慎重思考和解决的问题之一。为此，必须遵循以下原则来确定各级财政的收支划分：

（一）迪尤二原则

第一，效率原则。其内涵与下述塞利格曼效率原则相同。

第二，经济利益原则。经济利益原则以提高经济利益为标准，认为税收是归中央还是归地方，应该以便于经济发展或不减少经济利益为标准。例如商品税应划归中央，以使货物在全国能够畅通无阻，不会妨碍生产力的发展；反之，如果归地方政府，则对同一货物，每经过一地均要课征一次商品税，就会增大成本，提高物价，阻碍经济发展。

（二）塞利格曼三原则

第一，效率原则。效率原则以征税效率的高低为划分标准。例如土地税的征收，地方税务人员比较了解具体情况，征收起来比较方便且不易逃税，因此各国通常将土地税划归为地方税。

第二，适应原则。适应原则以税基宽窄为划分标准，税基宽的税种归中央政府，税基窄的税种归地方政府。

第三，恰当性原则。恰当性原则以税负分配公平为划分标准。例如所得税是为了使全国居民公平地负担税负而设立的，如果由地方政府来征收就难以达到上述目标，因此所得税应该归中央政府征收。

（三）巴斯特布尔三原则

第一，受益原则。凡政府所提供的服务，其受益对象是全国公民，则支出应属于中央政府的公共支出；其受益对象是地方居民，则支出应属于地方政府的公共支出。

第二，行动原则。凡政府公共服务的实施在行动上必须统一规划的领域，其支出应属于中央政府的公共支出；凡政府公共活动在实施过程中必须因地制宜的，其支出应属于地方政府的公共支出。

第三，技术原则。政府活动或公共工程，其规模庞大，需要高技术才能完成的项目，则其支出应归中央政府的公共支出；否则，应属于地方政府的公共支出。

---

① 孙硕，邓淑莲. 国家治理现代化背景下的政府预算收支分类体系研究 [J]. 财政研究，2020 (12)：22.

（四）预算收支划分三原则

1. 财权与事权统一的原则

财权与事权统一的原则是指为了保证中央和地方政府履行其各自职能所必须的财力，应当按照各级政府所承担的政治、军事、经济、文化、科技、卫生等任务来划分收支，以使各级政府和各单位统一规划自身事业的开展。凡有一级政权就有一级事权，就应建立一级财权，以使各级政府在处置其事权、行使其职能时有必要的资金保证。

2. 统筹兼顾、全面安排的原则

我国政治经济的统一性决定了我国财政的统一性，且具有人口多、民族多、地域广的国情，因而我国财政在安排其体制时，就必须遵循统筹兼顾、全面安排、保证重点、照顾一般的原则，以确保有限财力的最佳运用。所以，在划分收支的过程中，应从全局出发，既要保证中央政府拥有可靠的、必不可少的收入，使其能够满足应有的支出需求，加强中央政府的宏观调控能力，又要照顾地方政府应有的收入来源，保证其实现职能的基本财力需求。

3. 权责相联、收支挂钩的原则

为了调动地方政府关心收入和节约支出的积极性，还应当将地方支出与地方收入联系起来，使地方政府要想多支就必须多收，而少收则必须少支；地方政府节约使用财力，就可以办更多的地方性事务等，由此使得整个政府的财政活动处在节约有效的状态中。为了将政府财政活动中的权与责结合起来，必须要求各级政府对由其组织的全部财政收入和统筹安排的财政支出负有不可推卸的责任，这样才能调动起中央政府和地方政府的积极性。

二、政府预算收支划分的形式

政府预算收支划分形式，是指具体规定财政资源在各级政府之间的分配比例、分配形式及与之密切相连的权责关系。在市场经济条件下，政府预算收支划分形式关系到各级公共财政能否拥有适度的收入，以安排必不可少的支出，从而能否成为真正的一级财政的问题。所以，政府预算收支划分形式是政府预算管理体制的核心问题。

（一）分税制

分税制是西方发达国家实行分级财政体制所普遍采用的在中央政府和地方政府之间划分税收收入的一系列制度的总称。其基本做法是通过划分税种或税率来确定各级政府的预

算收入，并且相应地形成中央税制和地方税制，分设国税局和地税局两套税务机构分别征管。分税制有以下形式：

第一，按税种划分各级政府的收入，多数西方国家采用这种方法。具体做法又可以分成完全的和不完全的两种形式。完全形式是指根据税种的不同性质将其分为中央税和地方税，政府各自拥有不同的税源；不完全形式是指除划定中央税和地方税外，还设置中央和地方共享税。这种划分方法的优点是可以避免税负重叠，但缺点是以税种划分税源与各级政府提供的公共产品的种类或层次是不完全对应的，要想合理划分中央税和地方税是很困难的。

第二，按税源实行分率分征，即对同一税源，各级政府同时按不同的比率加以征收，采用此方法的主要是美国。这种划分方法的优点是无重叠征税，节约征收费用，并且避免了中央与地方对于税源归属问题的争执。其缺点是如何确定分成比例，往往引起各级政府之间的意见分歧，不宜在众多税种中推广。

国际上依据各国集权与分权的程度不同，将分税制大体划分为三个类型：①管理权限分散的联邦国家的分税制，如美国、丹麦、意大利、挪威、瑞典等；②管理权限集中的单一制国家的分税制，如法国、英国、匈牙利等；③发展中国家的联邦预算体制，如巴西、印度、马来西亚等。

（二）转移支付制度

转移支付制度，是指中央财政对地方财政收支预算的逆差，采取由中央财政直接拨款补助，也就是上级政府向下级政府的转移支付，是上级政府将一部分财政收入以一定形式拨助，付给下级政府使用，以达到该级财政预算收支平衡的做法。财政转移支付应当规范、公平、公开，以实现地区间基本公共服务均等化的目标。

1. 转移支付的作用

（1）转移支付制度有利于达到各级政府事权与财权的一致。因为财政管理体制的基本原则要求事权与财权相一致，各级财政负责与本级政府事权相关的开支，并有相应的独立收入来源。但是采用分税制划分收入时，只能做到各级政府的事权与财权的大体相符，特别是随着政府对经济干预的加强，许多国家中央政府集中的财力大于事权需求量，而地方政府集中的财力却常常小于事权需求量。于是，需要通过中央政府向地方政府的转移支付来平衡预算收支的逆差。

（2）转移支付制度有利于各地区经济平衡发展。政府间的转移支付能够平衡各地方政府的财力，缩小不同地区的收入差距，保证不同地区的居民能够享受到大体相同的公共服务水平。

(3) 转移支付制度有利于帮助地方政府建设与全国利益相关的重大项目。地方政府由于受到自身财力的限制，很难独立进行重大项目的投资建设，而来自中央政府转移支付的资金则有助于解决地方政府的财政困难。同时，从中央政府的角度来看，通过转移支付可以吸引地方财力与中央财力有机结合，进而参与解决全国性的问题。

(4) 转移支付制度有利于加强中央政府对地方政府的控制力。在政治方面，通过补助金制而形成的中央政府向地方政府的转移支付，使地方政府产生一定程度的对中央政府财政的依赖性，以达到政治上的稳定和中央政府经济政策的顺利贯彻实施。

2. 转移支付的要求

(1) 完整性。从转移支付的目标、种类、方式，到具体因素和数额的确定分配与监督，都要有一整套科学、完整的制度安排。

(2) 对称性。上级政府对下级政府转移支付的财力，与能够满足该级政府承担、履行的事权职责需求相对应。

(3) 科学性。转移支付制度的设计要科学、合理、规范、周密，这样才能实现转移支付的公平性、公正性，才能达到转移支付的目标，实现纵向政府间和横向区域间基本公共服务的均等化。

(4) 统一性。上级政府对下级政府的转移支付在确定分配考核因素时，应该按照统一、规范、明确、公开的制度规定进行。

(5) 法制性。转移支付是政府间利益关系的再调整。如果没有严格、明确的法律制度约束，转移支付过程中往往就会存在暗箱操作、人为干扰等问题。因此，转移支付制度在许多国家都以法律形式予以规范。

3. 转移支付的形式

(1) 定额补助。年初在确定地方预算时，对于支大于收所出现的逆差，确定一个中央补助的固定数额，此后在具体执行中一般不再变动。这种定额补助的办法可以在 1 年一定或者在 1 年确定补助定额后，在今后几年内固定不变，地方政府多收可以多支，是带有包干性质的补助。

(2) 专项补助。专项补助也称专项拨款，是指不包括在地方正常支出的范围内，由中央根据特定用途拨给地方的专项资金。例如，地方的特大自然灾害救济由中央拨专款补助，此类支出地方政府只能按中央政府确定的支出用途安排，不能挪作他用。

(3) 按成补助。一般是指对某项支出，中央政府按一定的份额给地方政府以补助。例如，地方兴建水利工程，受到财力限制而向中央申请补助，经审定，中央同意投资一部分，地方投资一部分，共同完成此水利工程项目。

三、政府预算收支划分的影响因素

各级财政的收支划分，是政府预算管理体制的主要内容。各级财政的财权大小和活动范围，都要通过预算收支划分来确定，它直接关系到各级政府能否获得应有的和必要的财力。当财政总规模适度的前提下，某级财政拥有的财力过多或者过少，就意味着总有另一级财政拥有的财力过少或者过多。于是，一方面是某级政府的经费不足，无法完全履行职能；另一方面是某级政府却存在着经费浪费。这些现象从市场经济角度看，都属于资源的低效率配置和使用。一般来说，政府预算收支划分的影响因素如下：

（一）效率比较

在履行财政职能过程中，中央政府应当在收入的公平再分配、经济稳定和发展方面起主导作用，而地方政府应该在资源的合理再配置方面起主导作用。因此，对那些需要采用全国统一行动去实现的政府职能或项目，可以由中央集权，即由中央政府集中分配。

（二）国家结构

现代国家结构的基本形式有单一制和复合制两种，复合制又有联邦制和邦联制之分。除联邦制外，现代国家政权也总是分成中央和地方两大组成部分，并且地方政权往往还继续分解为若干层次的结构。在这样的政权结构中，中央（联邦）代表国家，是整个国家意志的体现，各层次的地方政权都必须服从中央（联邦）的领导和指挥，是在中央（联邦）统一政令的指挥下进行活动的。

现代国家的社会经济生活十分复杂，仅靠单一的中央政权进行活动，是不可能兼顾方方面面的需要的，是无法处理好各种问题和有效履行自己所有的职责的。所以，必须在以维护国家统一的前提下，实行"小权分散"以赋予地方政府以适当的权限，使之能够因地制宜地开展活动，承担履行部分国家职能的责任。几乎所有的现代国家都存在着多层次的国家结构，这样的国家结构不仅影响着政府预算的级次，而且也影响着中央与地方政府间的收支划分。一般地说，联邦制国家结构的地方政府权限比单一制（集权制）国家结构的地方政府权限要多。

（三）国体差异

国体差异是指国家的阶级性质不同，即社会各阶级在国家中的地位不一样。实行社会主义国体制度的政府，是以政权行使者和生产资料公有制的代表者的双重身份参与国民经济的分配和再分配。因此，社会主义国家的中央政府集中度就要比资本主义国家中央政府的集中度高。

第三节　财政政策的功能与目标

财政政策，是一国政府为实现预期的经济社会发展目标，对财政收支关系进行调整的指导原则和措施。财政政策是政府有意识活动的产物，政府可以利用财政政策达到其预定目标。财政政策已经成为政府干预经济的主要手段。

财政政策是国家经济政策的重要组成部分，制定和实施财政政策的过程也是国家进行宏观调控的过程。财政政策贯穿财政工作的全过程，体现在财政收支、政府预算等各个方面。

一、财政政策的功能

（一）协调功能

财政政策的协调功能是指在社会经济发展过程中，对地区之间、行业之间、部门之间等出现的某些失衡状况进行调节和制约。一方面，在国民收入分配过程中，通过财政收支改变社会成员在国民收入中的占有份额，调整社会分配关系；另一方面，在财政政策工具体系中，预算、税收、债务、投资等政策工具相互配合、补充运用，能够有效发挥财政政策的协调功能。

（二）导向功能

财政政策通过财政分配和管理活动，调整人们的物质利益，进而调节企业和个人的经济行为，引导国民经济运行。

一方面，财政政策配合国民经济总体政策和各部门、各行业的政策，提出明确的调控目标。例如，在经济增长低迷、通货紧缩时期，为配合实现宏观经济政策的经济增长目标，财政政策要以支持经济增长回升为目标。

另一方面，财政政策不仅要规定应该做什么、不应该做什么，还要通过利益机制引导和调整人们的经济行为。

（三）稳定功能

财政政策的稳定功能是指通过财政政策，调整社会总需求和总供给，实现总供需的总量平衡和结构平衡，进而实现国民经济的又好又快发展。例如，在经济过热、存在通货膨胀时，政府要通过减少财政支出、增加税收等，控制总需求，抑制通货膨胀；在经济萧条、存在通货紧缩时，政府要通过增加财政支出、减少税收等，扩大总需求，拉动经济增长。

二、财政政策的目标

（一）促进充分就业

充分就业是衡量资源充分利用的一个指标，它表明生产要素的投入情况，通常用失业率表示。充分就业是各国政府普遍重视的问题。失业率高，表明社会经济资源的大量闲置和浪费，社会生产规模下降，还会引发一系列社会问题，造成社会动荡。因此，控制失业率是财政政策的主要目标之一。我国正处于经济转型期，加快经济结构调整和深化经济体制改革在今后一个时期不可避免地会增加就业压力；加上庞大的人口基数和每年大量新增就业劳动力，使我国促进充分就业目标的重要性更为突出。

（二）物价基本稳定

物价基本稳定是各国政府努力追求的目标之一。经济发展速度的加快往往伴随着整体物价水平的上升，过高的通货膨胀会引起社会收入和国民财富的再分配，扰乱价格体系，扭曲资源配置，使正常的分配秩序和经济秩序出现混乱。

（三）经济稳定增长

经济稳定增长是指一个国家或地区在一定时期内的经济发展速度和水平保持稳定。实现经济稳定增长不仅是一个国家生存和发展的条件，而且还是国家宏观经济政策的重要目标，也是财政政策的重要目标。经济稳定增长取决于两个要素：①生产要素的增长；②生产要素的技术进步程度。因此，经济稳定增长就是财力、物力和人力等社会资源能够支持的经济的可持续增长。要防止出现过分人为刺激的经济增长，因为这将引发如环境污染加重、能源紧张、通货膨胀严重等一系列经济社会问题。财政政策要通过引导劳动、资本、技术等各项生产要素的合理配置，实现经济持续稳定的增长。

第四节　财政政策的工具和类型

一、财政政策的主要工具

"财政政策工具一方面可化解经济结构中的矛盾和失衡，为经济增长动力转换创造良好环境，另一方面可拉动经济增长，为经济增长动力转换创造尽可能大的空间。"[①]

（一）预算政策

预算调节经济的作用主要表现在财政收支的规模及其差额上。当社会总供给大于总需求时，政府预算一般采取扩大支出规模、保持一定赤字规模，以扩大社会总需求；当社会总供给小于总需求时，政府预算一般采取缩小支出规模、保持预算盈余，抑制社会总需求；当社会总供给与总需求基本平衡，即经济稳定发展时，政府一般实行中性的预算平衡政策，保持预算收支规模的基本平衡。

（二）公债政策

在现代市场经济中，公债是政府实施宏观调控的重要政策工具。

第一，通过调整公债的流动性程度，改变社会经济资源的流动状况，可以对经济运行产生扩张性或者紧缩性的影响。公债期限不同，流动性相差较大，期限越短，流动性越高，变现能力越强；期限越长，流动性越低，变现能力越弱。因此，在公债发行中通过期限种类的不同设计和调换公债期限等方法，可以对经济运行产生扩张或者紧缩的影响。

第二，通过调整国债发行利率水平影响金融市场利率的变化，可以对经济运行产生扩张性或者紧缩性的影响。

（三）税收政策

第一，税收是政府凭借政治权力参与社会产品分配的方式，是保持经济稳定运行的重要手段。在经济繁荣时期，政府通过提高税率、减少税收优惠等途径增加税收，减少企业和个人可支配收入，抑制企业和个人的投资需求，降低社会总需求，使过快或过热的经济

[①]　李航，樊西为，赵明学，等.财政政策工具助力经济增长 [J].新理财，2020（04）：61.

增长平稳回落或降温。相反，在经济萧条时期，政府通过降低税率、实行更多税收优惠等途径减少税收，增加企业和个人可支配收入，鼓励企业和个人的投资需求和消费需求，增加社会总需求，促进经济增长。

第二，税收是政府公平收入分配的重要手段。例如，通过调整个人所得税超额累进税率的起征点和免征额等途径，可以起到减少高收入者可支配收入的效果，实现收入公平分配的目标。

（四）财政补贴政策

第一，财政补贴政策是保持经济稳定运行的重要手段之一。例如，当经济处于过热时期，政府通过减少财政补贴支出使企业和个人的可支配收入减少，抑制企业和个人的投资需求和消费需求，进而减少社会总需求，实现经济平稳回落；当经济处于萧条时期，政府可通过增加财政补贴支出使企业和个人的可支配收入增加，鼓励企业和个人扩大投资需求和消费需求，进而增加社会总需求，拉动经济增长。

第二，财政补贴还是政府公平收入分配的重要手段。一般来说，享受政府补贴的对象大多是低收入群体。通过增加财政补贴，可以提高低收入群体的可支配收入水平，促进社会公平分配。

（五）公共支出政策

公共支出是指政府用于满足纯公共需要的一般性支出，主要包括狭义的购买性支出和转移性支出两部分。其中，狭义的购买性支出是指政府进行日常行政事务活动所需要的商品和劳务支出，即政府的消费性支出。转移性支出是指直接表现为财政资金无偿、单方面转移的支出，包括政府补助支出、捐赠支出和债务利息支出。

（六）政府投资政策

政府投资是指财政用于资本项目的建设性支出，它最终形成各种类型的固定资产。在市场经济条件下，政府投资是政府实施宏观调控、克服某些领域市场失灵问题的必要手段。

第一，通过政府投资规模，可以影响社会总需求和未来社会总供给，从而影响社会供求总量。

第二，通过调整政府投资方向，可以对经济结构发挥重要调节作用，促进资源合理配置和产业结构优化。例如，当经济处于过热时期，政府可通过降低投资支出水平，抑制社会总需求，使经济降温、平稳回落；当经济处于萧条时期，政府可通过提高投资支出水平，扩大社会总需求，缓解或者逐步消除经济衰退；当社会总供求基本平衡，但总供求结构存在问题时，政府投资可以通过采取有保有压的政策，减少对过热行业的投资，增加对薄弱环节的投资，使社会总供求在结构上保持协调。

二、财政政策的类型划分

（一）依据财政政策调节经济周期的作用

依据财政政策调节经济周期的作用，财政政策可分为相机抉择的财政政策和自动稳定的财政政策。

1. 相机抉择的财政政策

相机抉择的财政政策，是指政府根据一定时期的社会经济状况，主动灵活地选择不同类型的反经济周期的财政政策工具，干预经济运行，实现财政目标。相机抉择的财政政策包括汲水政策和补偿政策。

（1）汲水政策。汲水政策是指在经济萧条时进行公共投资，以增加社会有效需求，使经济自动恢复其活力的政策。汲水政策的特点主要包括：①以市场经济所具有的自发机制为前提，是一种诱导经济复苏的政策；②以扩大公共投资规模为手段，启动和活跃社会投资；③财政投资规模具有有限性，即只要社会投资恢复活力、经济实现自主增长，政府就不再投资或缩小投资规模；④如果经济萧条的状况不再存在，这种政策就不再实行，因而它是一种短期财政政策。

（2）补偿政策。补偿政策是指政府有意识地从当时经济状态的反方向上调节经济变动的财政政策，以达到稳定经济波动的目的。在经济萧条时期，为缓解通货紧缩影响，政府通过增加财政支出、减少财政收入等政策来增加投资和消费需求，增加社会有效需求，刺激经济增长；相反，在经济繁荣时期，为抑制通货膨胀，政府通过增加财政收入、减少财政支出等政策来抑制和减少社会过剩需求，稳定经济波动。

2. 自动稳定的财政政策

自动稳定的财政政策，是指财政制度本身存在一种内在的、不需要政府采取其他干预行为就可以随着经济社会的发展，自动调节经济运行的机制。这种机制也被称为财政自动稳定器，主要表现在以下方面：

（1）累进所得税（包括个人所得税和企业所得税）的自动稳定作用。在经济萧条时期，个人收入和企业利润下降，符合纳税条件的个人和企业数量减少，因而税基相对缩小，适用的累进税率相对下降，税收会自动减少；因税收的减少幅度大于个人收入和企业利润下降的幅度，税收便会产生一种推力，防止个人消费和企业投资的过度下降，从而起到反经济衰退的作用。在经济过热时期，其作用机理正好相反。

（2）政府福利支出的自动稳定作用。经济出现衰退时，符合领取失业救济和各种福利标准的人数将增加，失业救济和各种福利支出将趋于自动增加，从而有利于抑制消费支出的持续下降，防止经济的进一步衰退。在经济繁荣时期，其作用机理正好相反。

（二）依据财政政策在国民经济总量中的功能

1. 紧缩性财政政策

紧缩性财政政策是指通过财政收支活动来减少和抑制社会总需求的政策。在社会总需求大于社会总供给的情况下，政府通常采取紧缩性的财政政策，通过增加税收、减少财政支出等手段，减少或抑制社会总需求，达到降低社会总需求水平，最终实现社会总供需的平衡。

2. 扩张性财政政策

扩张性财政政策是指通过财政收支活动增加和刺激社会总需求的政策。在社会总需求不足的情况下，政府通常采取扩张性财政政策，通过减税、增加支出等手段扩大社会需求，提高社会总需求水平，缩小社会总需求与社会总供给之间的差距，最终实现社会总供需的平衡。

3. 中性财政政策

中性财政政策，也称均衡性财政政策，是指在经济稳定增长时期，政府通过实施财政收支基本平衡或者动态平衡的财政政策，既不产生扩张效应，又不产生紧缩效应，以保持经济的持续稳定增长。

根据国家宏观调控的目标要求，财政政策需要与货币政策协调配合，才能充分发挥财政政策的功能作用，实现国家宏观调控的目标。财政政策与货币政策的协调配合主要有以下类型：

（1）"双松"搭配类型。"双松"是指扩张性财政政策与扩张性货币政策的组合，这种政策组合可以刺激经济增长，扩大就业，但也会带来通货膨胀的风险。

（2）"双紧"搭配类型。"双紧"是指紧缩性财政政策和紧缩性货币政策的组合，这种政策组合可以有效抑制需求膨胀与通货膨胀，但也可能带来经济停滞。

（3）"松紧"搭配类型。具体包括两种情况：①紧的财政政策和松的货币政策组合，这种政策组合在控制通货膨胀的同时，可以保持适度的经济增长，但货币政策过松，也难以制止通货膨胀；②松的财政政策和紧的货币政策，这种政策组合可以在保持经济适度增长的同时尽可能地避免通货膨胀，但长期使用这种政策组合，会积累大量财政赤字。

一般而言，如果社会总需求明显大于社会总供给，则应该采取"紧"的政策措施，以抑制社会总需求的增长；如果社会总需求明显小于社会总供给，则应该采取"松"的政策措施，以扩大社会总需求。

第八章　税收征收管理

第一节　税收征收管理认知

税收征收管理法，是指调整税收征收与管理过程中所发生的社会关系的法律规范的总称。其中，包括国家权力机关制定的税收征管法律、国家权力机关授权行政机关制定的税收征管行政法规和有关税收征管的规章制度等。税收征收管理法属于税收程序法，它是以规定税收实体法中的权利与义务履行的程序为主要内容的法律规范，是税法的一个重要组成部分。税收征收管理法不仅是纳税人全面履行纳税义务必须遵守的法律准则，也是税务机关履行征税职责的法律依据。

一、税收征收管理的适用范围

第一，凡依法对由税务机关征收的各种税收所进行的征收管理，均适用《中华人民共和国税收征收管理法》。就现行有效税种来说，增值税、消费税、营业税、企业所得税、个人所得税、资源税、城镇土地使用税、土地增值税、车船税、车辆购置税、房产税、印花税、城市维护建设税等税种的征收管理都适用于《中华人民共和国税收征收管理法》。

第二，耕地占用税、契税的征收管理，则是要按照国务院的有关规定执行。

第三，由海关负责征收的关税与海关代征的进口环节的增值税、消费税，则要依照法律、行政法规的有关规定执行。

第四，我国与外国缔结的有关税收的条约、协定，以及《中华人民共和国税收征收管理法》有不同规定的，要依照条约、协定的规定办理。

二、税收征收管理的法律关系

（一）税收法律关系的组成

税收法律关系，是指税法所确认和调整的税收征纳主体之间在税收分配过程中所形成的权利与义务关系。税收法律关系由以下部分组成：

第一，税收法律关系主体。税收法律关系主体是指在税收法律关系中依法享有权利和承担义务的当事人，即税收法律关系的参加者。税收法律关系主体包括征税主体和纳税主体。

征税主体。征税主体是指在税收法律关系中代表国家享有征税权利的一方当事人，即税务主管机关，包括各级税务机关、海关等。

纳税主体。纳税主体是指税收法律关系中负有纳税义务的一方当事人，即通常所说的纳税人、扣缴义务人和纳税担保人。在税收法律关系中，双方当事人虽然是管理者与被管理者的关系，但是他们的法律地位是平等的。

第二，税收法律关系内容。税收法律关系内容是指税收法律关系主体所享受的权利和应承担的义务。

第三，税收法律关系客体。税收法律关系客体是指税收法律关系主体双方的权利和义务所共同指向的对象，如房产税征纳关系中的房屋、所得税征纳关系中的所得等，都属于税收法律关系客体。

（二）征纳双方的权利与义务

根据《中华人民共和国税收征收管理法》与其他有关行政法规以及规章的规定，征纳双方在税收征收管理中既享有各自的权利，又必须承担各自的义务，它们共同构成了税收法律关系的内容。

1. 征税主体的权利与义务

征税主体的权利与义务直接体现为征税机关和税务人员的职权和职责。

（1）征税主体的职权。作为国家税收征收管理的职能部门，征税主体享有税务行政管理权。征税机关和税务人员的主要职权包括以下方面：

第一，税收立法权。税收立法权包括参与起草税收法律法规草案，提出税收政策建议，在职权范围内制定、发布关于税收征管的部门规章等。

第二，税务管理权。税务管理权包括对纳税人进行税务登记管理、账簿和凭证管理、纳税申报管理等。

第三，税款征收权。税款征收权是征税主体享有的最基本、最主要的权利。税款征收权主要包括依法计征权、核定税款权、税收保全和强制执行权、追征税款权等。

第四，税务检查权。税务检查权是税务机关查处税收违法行为的职权，包括查账权、场地检查权、询问权、责成提供资料权、存款账户核查权等。

第五，税务行政处罚权。税务行政处罚权是对税收违法行为依照法定标准予以行政制裁的权利，如罚款等。

第六，其他职权。如在法律、行政法规规定的权限内，对纳税人的减税、免税、退税、延期缴纳的申请予以审批的权利，委托代征权，估税权，代位权与撤销权，阻止欠税纳税人离境的权利，定期对纳税人欠缴税款情况予以公告的权利。

（2）征税主体的义务。征税主体和税务人员在行使职权时，也要承担相应的义务。征税主体的义务主要包括以下方面：

第一，宣传税收法律、行政法规，普及纳税知识，无偿地为纳税人提供纳税咨询服务。

第二，税务机关应该依法为纳税人、扣缴义务人的情况保守秘密，为检举违反税法行为者保密。

第三，税务机关应该加强队伍建设，提高税务人员的政治业务素质。

第四，税务机关、税务人员必须秉公执法、忠于职守、清正廉洁、礼貌待人、文明服务，尊重和保护纳税人、扣缴义务人的权利，依法接受监督。

第五，税务人员不得索贿受贿、玩忽职守、不征或者少征应征税款，不得滥用职权多征税款。

第六，应该建立、健全内部制约和监督管理制度。上级税务机关应该对下级税务机关的执法活动依法进行监督。各级税务机关应该对其工作人员执行法律、行政法规和廉洁自律准则的情况进行监督检查。

第七，税务人员在核定应纳税额、调整税收定额、进行税务检查、实施税务行政处罚、办理税务行政复议时，如果与纳税人、扣缴义务人或者其法定代表人、直接责任人有利害关系的，包括夫妻关系、直系血亲关系、三代以内旁系血亲关系、近姻亲关系、可能影响公正执法的其他利害关系的，应该回避。税务人员在征收税款和查处税收违法案件时，如果与纳税人、扣缴义务人或者税收违法案件有利害关系的，应该回避。

2. 纳税主体的权利与义务

在税收法律关系中，纳税主体处于行政管理相对人的地位，除了必须承担纳税义务外，也享有自己相应的法定权利。

（1）纳税主体的权利。纳税主体的权利主要包括以下方面：

第一，知情权。纳税人、扣缴义务人有权向税务机关了解国家税收法律、行政法规的规定，以及与纳税程序有关的情况。

第二，要求保密权。纳税人、扣缴义务人有权要求税务机关为纳税人、扣缴义务人的情况保密。

第三，依法享有申请减税、免税、退税的权利。

第四，延期申报和延期缴纳税款请求权。如果纳税人不能按期办理纳税申报，或有特殊困难不能按期缴纳税款的，有权提出申请，经税务机关核准，可以延期申报和延期缴纳税款。

第五，多缴税款申请退还权。主要包括：①纳税人超过应纳税额缴纳的税款，税务机关发现后应该立即退还；②纳税人自结算缴纳税款之日起 3 年内发现的，可以向税务机关要求退还多缴的税款，并加算银行同期存款利息，税务机关查实后应该立即退还；③涉及从国库中退库的，依照法律、行政法规有关国库管理的规定退还。

第六，陈述权、申辩权。纳税人、扣缴义务人对税务机关做出的决定，享有用一定的方式来表达自己的意见，对自己的行为进行陈述与辩护的权利，如要求听证、申请行政复议和向法院提起诉讼等。

第七，承担赔偿责任权。当纳税人、扣缴义务人认为税务机关具体行政行为不当，致使自己的合法利益遭受损失时，有权要求税务机关进行赔偿。

第八，其他权利。当税务人员未出示税务检查证和税务检查通知书时，被检查人有权拒绝税务检查。如果税务机关及其工作人员有各种不法行为，纳税人、扣缴义务人可以进行揭露、检举和控告的权利等。

（2）纳税主体的义务。纳税主体的义务主要包括以下方面：

第一，按期办理税务登记，并按规定使用税务登记证件的义务。

第二，按规定设置账簿、保管账簿和有关资料，以及依法开具、使用、取得和保管发票的义务。

第三，按期、如实办理纳税申报的义务。

第四，按期缴纳或解缴税款的义务

第五，按照规定安装、使用税控装置的义务。

第六，接受税务检查的义务。

第七，代扣、代收税款的义务。

第八，其他义务，如遇纳税人有歇业、经营情况变化、遭受各种灾害等特殊情况时，要及时向征税机关说明，财务会计制度和会计核算软件备案的义务等。

第二节　税务管理与税款征收

一、税务管理

"税务管理是一个企业经营最主要的管理内容之一，优质的税务管理政策能够明显减少企业在成本等方面的支出，增加企业效益，同时在未来的企业价值管理中也能起到至关重要的作用。"[①] 税务管理主要内容如下：

(一) 税务登记管理

1. 税务登记范围

税务登记，是指纳税人为履行纳税义务就有关纳税事宜依法向税务机关办理登记的一种法定手续，是税务机关对纳税人的开业、变更、注销、外出经营报验、停业复业及生产经营活动进行登记管理的法定程序。

企业在外地设立的分支机构和从事生产、经营的场所，个体工商户和从事生产、经营的事业单位（以下统称从事生产、经营的纳税人），都应当办理税务登记。

除国家机关、个人和无固定生产经营场所的流动性农村小商贩外（以下统称非从事生产经营但依照规定负有纳税义务的单位和个人），也应当办理税务登记。

2. 税务登记证件

(1) 税务登记证件的内容。税务登记证件包括税务登记证及其副本、临时税务登记证及其副本。扣缴税款登记证件包括扣缴税款登记证及其副本。

税务登记证件的主要内容包括纳税人名称，税务登记代码，法定代表人或负责人，生产经营地址，登记类型，核算方式，经营范围（主营、兼营），发证日期，证件有效期等。

(2) 税务登记证件的使用。纳税人应当将税务登记证件正本在其生产、经营或者办公场所公开悬挂，接受税务机关检查。

纳税人办理相关事项时，必须提供税务登记证件：①开立银行账户；②领购发票。

纳税人办理相关税务事项时，应当出示：①税务登记证件，经税务机关核准相关信息后办理手续；②申请减税、免税、退税；③申请办理延期申报、延期缴纳税款；④申请开

[①]　梁燕玲. 税务管理在企业价值管理中的应用 [J]. 中国集体经济，2023（29）：46.

具外出经营活动税收管理证明；⑤办理停业、歇业；⑥其他有关税务事项。

从事生产、经营的纳税人应当按照国家有关规定，持税务登记证件，在银行或者其他金融机构开立基本存款账户和其他存款账户，并自开立基本存款账户或者其他存款账户之日起 15 日内，将其全部账号向主管税务机关报告；发生变化的，应当自变化之日起 15 日内，向主管税务机关书面报告。

纳税人应当按照国务院税务主管部门的规定使用税务登记证件。税务登记证件不得转借、涂改、损毁、买卖或者伪造。

(3) 税务登记证件的管理。税务机关对税务登记证件实行定期验证和换证制度。纳税人应当在规定的期限内持有关证件到主管税务机关办理验证或者换证手续。

纳税人、扣缴义务人遗失税务登记证件的，应当自遗失税务登记证件之日起 15 日内，书面报告主管税务机关，如实填写《税务登记证件遗失报告表》，并将纳税人的名称、税务登记证件名称、证件号码、证件有效期、发证机关名称在税务机关认可的报刊上作遗失声明，凭报刊上刊登的遗失声明向主管税务机关申请补办税务登记证件。

税务机关应当加强税务登记证件的管理，采取实地调查、上门验证等方法，或者结合税务部门和工商部门之间，以及国家税务总局（分局）、地方税务局（分局）之间的信息交换比对进行税务登记证件的管理。

国家税务总局（分局）、地方税务局（分局）应定期相互通报税务登记情况，相互及时提供纳税人的登记信息，加强税务登记管理。

3. 税务登记主管

(1) 县以上（含本级，下同）国家税务总局（分局）、地方税务局（分局）是税务登记的主管税务机关，负责税务登记的设立登记、变更登记、注销登记和税务登记证验证、换证及非正常户处理、报验登记等有关事项。

(2) 国家税务总局（分局）、地方税务局（分局）按照国务院规定的税收征收管理范围，实施属地管理，采取联合登记或分别登记的方式办理税务登记。在有条件的城市，国家税务总局（分局）、地方税务局（分局）可以按照"各区分散受理、全市集中处理"的原则办理税务登记。国家税务总局（分局）、地方税务局（分局）联合办理税务登记的，应当对同一纳税人发放同一份加盖国家税务总局（分局）、地方税务局（分局）印章的税务登记证。国家税务总局（分局）、地方税务局（分局）之间对纳税人税务登记的主管机关发生争议的，由其上一级国家税务总局、地方税务局共同协商解决。

(3) 国家税务总局（分局）、地方税务局（分局）实行统一的纳税人识别号。纳税人识别号由省、自治区、直辖市、计划单列市国家税务总局、地方税务局按照纳税人识别号代码行业标准联合编制，统一下发各地执行。已领取组织机构代码的纳税人，其纳税人识别号为 15 位，由纳税人登记所在地 6 位行政区划码和 9 位组织机构代码组成。以业主身份证件为有效身份证明的组织，即未取得组织机构代码证书的个体工商户及持回乡证、通行证、护照办理税务登记的纳税人，其纳税人识别号由身份证件号码和 2 位顺序码组成。纳税人识别号具有唯一性。

4. 税务登记内容

根据我国法律、行政法规的规定，我国现行税务登记制度包括设立（开业）税务登记、变更税务登记、注销税务登记、外出经营报验登记及停业、复业登记等。

（1）设立税务登记。设立税务登记，是指纳税人依法成立并经工商行政管理机关登记后，为确认其纳税人的身份、纳入国家税务管理体系而到税务机关进行的登记。

第一，设立税务登记的地点。从事生产、经营的纳税人，应当向生产、经营所在地税务机关办理税务登记。税务机关对纳税人税务登记地点发生争议的，由其共同的上级税务机关指定管辖。

第二，设立税务登记的时限。从事生产、经营的纳税人领取工商营业执照（含临时工商营业执照）的，应当自领取工商营业执照之日起 30 日内申报办理税务登记，税务机关核发税务登记证及其副本（纳税人领取临时工商营业执照的，税务机关核发临时税务登记证及其副本）。

从事生产、经营的纳税人未办理工商营业执照但经有关部门批准设立的，应当自有关部门批准设立之日起 30 日内申报办理税务登记，税务机关核发税务登记证及其副本。

从事生产、经营的纳税人未办理工商营业执照也未经有关部门批准设立的，应当自纳税义务发生之日起 30 日内申报办理税务登记，税务机关核发临时税务登记证及其副本。

有独立的生产经营权、在财务上独立核算并定期向发包人或者出租人上交承包费或租金的承包承租人，应当自承包承租合同签订之日起 30 日内，向其承包承租业务发生地税务机关申报办理税务登记，税务机关核发临时税务登记证及其副本，临时税务登记证的期限为承包承租期。

从事生产、经营的纳税人外出经营，自其在同一县（市）实际经营或提供劳务之日起，在连续的 12 个月内累计超过 180 日的，应当自期满之日起 30 日内，向生产、经营所在地税务机关申报办理税务登记，税务机关核发临时税务登记证及其副本。

境外企业在境内承包建筑、安装、装配、勘探工程和提供劳务的，应当自项目合同或协议签订之日起 30 日内，向项目所在地税务机关申报办理税务登记，税务机关核发临时税务登记证及其副本，临时税务登记证的期限为合同规定的承包期。

非从事生产经营但依照规定负有纳税义务的单位和个人，应当自纳税义务发生之日起30日内，向纳税义务发生地税务机关申报办理税务登记，税务机关核发税务登记证及其副本。

第三，税务登记资料。纳税人在申报办理税务登记时，应当根据不同情况向税务机关如实提供相关证件和资料：①工商营业执照或其他核准执业证件；②有关合同、章程、协议书；③组织机构统一代码证书；④法定代表人或负责人、业主的居民身份证、护照或者其他合法证件。

第四，税务登记证发放。纳税人提交的证件和资料齐全且《税务登记表》的填写内容符合规定的，税务机关应当及时发放税务登记证件。

纳税人提交的证件和资料不齐全或《税务登记表》的填写内容不符合规定的，税务机关应当场通知其补正或重新填报。纳税人提交的证件和资料明显有疑点的，税务机关应进行实地调查，核实后予以发放税务登记证件。

（2）变更税务登记。变更税务登记是指纳税人在办理税务登记后，因登记内容发生变化，需要对原登记内容进行更改，而向主管税务机关申报办理的税务登记。

纳税人已在工商行政管理机关办理变更登记的，应当自工商行政管理机关变更登记之日起30日内，向原税务登记机关如实提供相关证件、资料，申报办理变更税务登记：①工商登记变更表及工商营业执照；②纳税人变更登记内容的有关证明文件；③税务机关发放的原税务登记证件（登记证正、副本和税务登记表等）；④其他有关资料。

纳税人按照规定不需要在工商行政管理机关办理变更登记，或者其变更登记的内容与工商登记内容无关的，应当自税务登记内容实际发生变化之日起30日内，或者自有关机关批准或者宣布变更之日起30日内，持相关证件到原税务登记机关申报办理变更税务登记：①纳税人变更登记内容的有关证明文件；②税务机关发放的原税务登记证件（登记证正、副本和税务登记表等）；③其他有关资料。

纳税人提交的有关变更登记的证件、资料齐全的，应如实填写《税务登记变更表》，经税务机关审核，符合规定的，税务机关予以受理；不符合规定的，税务机关应通知其补正。

税务机关应当于受理当日办理变更税务登记。纳税人税务登记表和税务登记证中的内容都发生变更的，税务机关按变更后的内容重新核发税务登记证件；纳税人税务登记表的内容发生变更而税务登记证中的内容未发生变更的，税务机关不重新核发税务登记证件。

（3）停业、复业登记。停业、复业登记是指实行定期定额征收方式的纳税人，因自身需要暂停经营或者恢复经营而向主管税务机关申请办理的一种税务登记手续。

第一，停业登记。实行定期定额征收方式的个体工商户需要停业的，应当在停业前向税务机关申报办理停业登记。纳税人的停业期限不得超过 1 年。

纳税人在申报办理停业登记时，应如实填写《停业申请登记表》，说明停业理由、停业期限、停业前的纳税情况和发票的领、用、存情况，并结清应纳税款、滞纳金、罚款。税务机关应收存其税务登记证件及其副本、发票领购簿、未使用完的发票和其他税务证件。

纳税人在停业期间发生纳税义务的，应当按照税收法律、行政法规的规定申报缴纳税款。

第二，复业登记。纳税人应当于恢复生产、经营之前，向税务机关申报办理复业登记，如实填写《停、复业报告书》，领回并启用税务登记证件、发票领购簿及其停业前领购的发票。

纳税人停业期满不能及时恢复生产经营的，应当在停业期满前向税务机关提出延长停业登记申请，并如实填写《停、复业报告书》。

（4）外出经营报验登记。外出经营报验登记是指从事生产经营的纳税人到外县（市）进行临时性的生产经营活动，经营活动的，应当在外出生产经营以前，持税务登记证向主管税务机关申请开具《外出经营活动税收管理证明》（以下简称《外管证》）。

税务机关按照一地一证的原则，核发《外管证》。《外管证》的有效期限一般为 30 日，最长不得超过 180 日。在同一地累计超过 180 日的，应当在营业地办理税务登记手续。

纳税人应当在《外管证》注明地进行生产经营前向当地税务机关申请报验登记，并提交相关证件、资料：①税务登记证件副本；②《外管证》。

纳税人在《外管证》注明地销售货物的，除提交以上证件、资料外，还应如实填写《外出经营货物报验单》，申报查验货物。

纳税人外出经营活动结束，应当向经营地税务机关填报《外出经营活动情况申报表》，并结清税款、缴销发票。

纳税人应当在《外管证》有效期届满后 10 日内，持《外管证》回原税务登记地税务机关办理《外管证》缴销手续。

（5）注销税务登记。注销税务登记是指纳税人由于出现法定情形终止纳税义务时，向原税务机关申请办理的取消税务登记的手续。办理注销税务登记后，该当事人不再接受原税务机关的管理。

第一，注销税务登记的原因。纳税人发生相关情形的，向主管税务机关申报办理注销税务登记：①纳税人发生解散、破产、撤销及其他情形，依法终止纳税义务的；②按规定不需要在工商行政管理机关或者其他机关办理注销登记的，但经有关机关批准或者宣告终止的；③纳税人被工商行政管理机关吊销营业执照或者被其他机关予以撤销登记的；④纳税人因住所、经营地点变动，涉及改变主管税务机关的；⑤境外企业在中国境内承包建筑、安装、装配、勘探工程和提供劳务的，项目完工、离开中国的。

第二，注销税务登记的时限。纳税人发生解散、破产、撤销及其他情形，依法终止纳税义务的，应当在向工商行政管理机关或者其他机关办理注销登记前，持有关证件和资料向原税务登记机关申报办理注销税务登记。按规定不需要在工商行政管理机关或者其他机关办理注销登记的，应当自有关机关批准或者宣告终止之日起 15 日内，持有关证件和资料向原税务登记机关申报办理注销税务登记。

纳税人被工商行政管理机关吊销营业执照或者被其他机关予以撤销登记的，应当自营业执照被吊销或者被撤销登记之日起 15 日内，向原税务登记机关申报办理注销税务登记。

纳税人因经营住所、经营地点发生变动，涉及改变税务登记机关的，应当在工商行政管理机关或者其他机关申请办理变更、注销登记前，或者住所、经营地点变动前，持有关证件和资料，向原税务登记机关申报办理注销税务登记，并自注销税务登记之日起 30 日内向迁达地税务机关申报办理税务登记。

境外企业在中国境内承包建筑、安装、装配、勘探工程和提供劳务的，应当在项目完工、离开中国前 15 日内，持有关证件和资料，向原税务登记机关申报办理注销税务登记。

纳税人办理注销税务登记前，应当向税务机关提交相关证明文件和资料，结清应纳税款、多退（免）税款、滞纳金和罚款，缴销发票、税务登记证件和其他税务证件，经税务机关核准后，办理注销税务登记手续。

（6）非正常户处理。已办理税务登记的纳税人未按照规定期限申报纳税，在税务机关责令其限期改正后，逾期不改正的，税务机关应当派员实地核查，查无下落并且无法强制其履行纳税义务的，由检查人员制作非正常户认定书，存入纳税人档案，税务机关暂停其税务登记证件、发票领购簿和发票的使用。

纳税人被列入非正常户超过 3 个月的，税务机关可以宣布其税务登记证失效，其应纳税款的追征仍然按照《税收征收管理法》及其实施细则的规定执行。

（7）扣缴税款登记。根据税收法律、行政法规的规定，负有扣缴税款义务的扣缴义务人（国家机关除外），应当办理扣缴税款登记。

已办理税务登记的扣缴义务人应当自扣缴义务发生之日起 30 日内，向税务登记地税务机关申报办理扣缴税款登记。税务机关在其税务登记证件上登记扣缴税款事项，不再发给扣缴税款登记证件。

根据税收法律、行政法规的规定可不办理税务登记的扣缴义务人，应当自扣缴义务发生之日起 30 日内，向机构所在地税务机关申报办理扣缴税款登记。税务机关核发扣缴税款登记证件。

(二) 发票管理

1. 发票的基本式样

发票是指在购销商品、提供或者接受服务及从事其他经营活动中，开具、收取的收付款凭证。它是确定经济收支行为发生的法定凭证，是会计核算的原始依据。在全国范围内统一式样的发票，由国家税务总局确定。在省、自治区、直辖市范围内统一式样的发票，由省、自治区、直辖市国家税务总局和地方税务局确定。

2. 发票的种类和联次

(1) 发票的种类。发票的种类通常按照行业特点和纳税人的生产经营项目划分为普通发票、增值税专用发票和专业发票三种。

第一，普通发票是最常见的一种发票，它的适用面最广，各种经济类型的纳税人都可以使用。营业税纳税人和增值税纳税人均可使用普通发票。

第二，增值税专用发票是专供增值税一般纳税人销售货物或提供应税劳务时使用的一种特殊发票。增值税专用发票除具备普通发票的基本特征外，还具备抵扣增值税税款的功能。它不仅是经济活动的重要商事凭证，而且是记录销售方纳税义务和购货方进项税额的合法证明，对增值税的计算与管理起着决定性的作用。

第三，专业发票是指由国有金融、邮电、铁路、民用航空、公路和水上运输等单位开具的专业性很强的发票。如国有金融、保险企业的存贷、汇兑、转账凭证、保险凭证；国有邮政、电信企业的邮票、邮单、话务、电报收据；国有铁路、民用航空企业和交通部门国有公路、水上运输企业的客票、货票等。

(2) 发票的联次。发票的基本联次包括存根联、发票联和记账联。存根联由收款方或开票方留存备查；发票联由付款方或受票方作为付款原始凭证；记账联由收款方或开票方作为记账原始凭证。省以上税务机关可根据发票管理情况及纳税人经营业务需要，增减除发票联以外的其他联次，并确定其用途。

3. 发票的内容和印制

(1) 发票的基本内容包括发票的名称、发票代码和号码、联次及用途、客户名称、开户银行及账号、商品名称或经营项目、计量单位、数量、单价、金额、开票人、开票日期、开票单位名称等。

（2）增值税专用发票由国家税务总局确定的企业印制；其他发票，按照国家税务总局的规定，由省、自治区、直辖市税务机关确定的企业印制。禁止私自印制、伪造、变造发票。印制发票的企业应当具备条件包括：①取得印刷经营许可证和营业执照；②设备、技术水平能够满足印制发票的需要；③有健全的财务制度和严格的质量监督、安全管理、保密制度。

印制发票应当使用国家税务总局确定的全国统一的发票防伪专用品。禁止非法制造发票防伪专用品。

发票应当套印全国统一发票监制章。全国统一发票监制章的式样和发票版面印刷的要求，由国家税务总局规定。发票监制章由省、自治区、直辖市税务机关制作，禁止伪造发票监制章。发票实行不定期换版制度。禁止在境外印制发票。

4. 发票的领购和检查

（1）发票的领购。需要领购发票的单位和个人，应当持税务登记证件、经办人身份证明、按照国家税务总局规定式样制作的财务印章或发票专用章的印模，向主管税务机关办理发票领购手续。主管税务机关根据领购单位和个人的经营范围和规模，确认领购发票的种类、数量及领购方式，在5个工作日内发给发票领购簿。

单位和个人领购发票时，应当按照税务机关的规定报告发票使用情况，税务机关应当按照规定进行查验。

需要临时领购发票的单位和个人，可以凭购销商品、提供或者接受服务及从事其他经营活动的书面证明、经办人身份证明，直接向经营地税务机关申请代开发票。依照税收法律、行政法规规定应当缴纳税款的，税务机关应当先征收税款，再开具发票。税务机关根据发票管理的需要，可以按照国家税务总局的规定委托其他单位代开发票。禁止非法代开发票。

税务机关对外省、自治区、直辖市来本辖区从事临时经营活动的单位和个人申请领购发票的，可以要求其提供保证人或者根据所领购发票的票面限额及数量交纳不超过1万元的保证金，并限期缴销发票。

按期缴销发票的，解除保证人的担保义务或者退还保证金；未按期缴销发票的，由保证人或者以保证金承担法律责任。税务机关收取保证金应当开具资金往来结算票据。

（2）发票的检查。根据《中华人民共和国发票管理办法》（以下简称《发票管理办法》）及其实施细则的规定，税务机关在发票管理中有权进行相关检查：①检查印制、领购、开具、取得、保管和缴销发票的情况；②调出查验发票；③查阅、复制与发票有关的凭证、资料；④向当事各方询问与发票有关的问题和情况；⑤在查处发票案件时，对与案件有关的情况和资料，可以记录、录音、录像、照相和复制。

印制、使用发票的单位和个人，必须接受税务机关的检查，如实反映情况，提供有关资料，不得拒绝、隐瞒。税务人员进行检查时，应当出示税务检查证。

税务机关需要将已开具的发票调出查验时，应当向被查验的单位和个人开具《发票换票证》。《发票换票证》与所调出查验的发票有同等的效力，被调出查验发票的单位和个人不得拒绝接受。《发票换票证》仅限于在本县（市）范围内使用。需要调出外县（市）的发票查验时，应与该县（市）税务机关联系，使用当地的发票换票证。

税务机关需要将空白发票调出查验时，应当开具收据；经查无问题的，应当及时发还。

单位和个人从中国境外取得的与纳税有关的发票或者凭证，税务机关在纳税审查时有疑义的，可以要求其提供境外公证机构或者注册会计师的确认证明，经税务机关审核认可后，方可作为记账核算的凭证。

税务机关在发票检查中需要核对发票存根联与发票联填写情况时，可向持有发票或者发票存根联的单位发出"发票填写情况核对卡"，有关单位应当如实填写，按期报回。收存发票或保管发票存根联的单位，接到税务机关"发票填写情况核对卡"的式样由国家税务总局确定。

5. 发票的开具和保管

销售商品、提供服务及从事其他经营活动的单位和个人，对外发生经营业务收取款项，收款方应当向付款方开具发票；特殊情况下，由付款方向收款方开具发票。

所有单位和从事生产、经营活动的个人在购买商品、接受服务及从事其他经营活动支付款项时，应当向收款方取得发票。取得发票时，不得要求变更品名和金额。不符合规定的发票，不得作为财务报销凭证，任何单位和个人有权拒收。

开具发票应当按照规定的时限、顺序、栏目，全部联次一次性如实开具，并加盖发票专用章。任何单位和个人不得有虚开发票行为：①为他人、为自己开具与实际经营业务情况不符的发票；②让他人为自己开具与实际经营业务情况不符的发票；③介绍他人开具与实际经营业务情况不符的发票。

安装税控装置的单位和个人，应当按照规定使用税控装置开具发票，并按期向主管税务机关报送开具发票的数据。使用非税控电子器具开具发票的，应当将非税控电子器具使用的软件程序说明资料报主管税务机关备案，并按照规定保存、报送开具发票的数据。任何单位和个人应当按照发票管理规定使用发票，不得有相关行为：①转借、转让、介绍他人转让发票、发票监制章和发票防伪专用品；②知道或者应当知道是私自印制、伪造、变造、非法取得或者废止的发票而受让、开具、存放、携带、邮寄、运输；③拆本使用发票；④扩大发票使用范围；⑤以其他凭证代替发票使用。

除国家税务总局规定的特殊情形外，发票限于领购单位和个人在本省、自治区、直辖市内开具。省、自治区、直辖市税务机关可以规定跨市、县开具发票的办法。除国家税务总局规定的特殊情形外，任何单位和个人不得跨规定的使用区域携带、邮寄、运输空白发票。禁止携带、邮寄或者运输空白发票出入境。

开具发票的单位和个人应当建立发票使用登记制度，设置发票登记簿，并定期向主管税务机关报告发票使用情况。开具发票的单位和个人应当在办理变更或者注销税务登记的同时，办理发票和发票领购簿的变更、缴销手续。

开具发票的单位和个人应当按照税务机关的规定存放和保管发票，不得擅自损毁。已开具的发票存根联和发票登记簿，应当保存 5 年。保存期满，报经税务机关查验后销毁。发票丢失，应于丢失当日书面报告主管税务机关，并在报刊和电视等传播媒介上公告声明作废。

6. 违反发票管理行为及其处罚

纳税人应当按照发票管理的有关规定，切实履行有关义务。《发票管理办法》及其实施细则详细列举了违反发票管理规定的行为。

（1）未按规定印制发票、生产发票防伪专用品的行为，主要包括：①未经省级税务机关指定的企业私自印制发票；②未经国家税务总局指定的企业私自生产发票防伪专用品、私自印制增值税专用发票；③伪造、私刻发票监制章，伪造、私造发票防伪专用品；④印制发票的企业未按"发票印制通知书"印制发票，生产发票防伪专用品的企业未按"发票防伪专用品生产通知书"生产防伪专用品；⑤转借、转让发票监制章和发票防伪专用品；⑥印制发票和生产发票防伪专用品的企业未按规定销毁废（次）品而造成流失；⑦用票单位私自印制发票；⑧未按税务机关的规定制定印制发票和生产发票防伪专用品管理制度；⑨其他未按规定印制发票和生产发票防伪专用品的行为。

（2）未按规定领购发票的行为，主要包括：①向税务机关以外的单位和个人领购发票；②私售、倒买倒卖发票；③贩运、窝藏假发票；④向他人提供发票或者借用他人发票；⑤盗取（用）发票；⑥其他未按规定领购发票的行为。

（3）未按规定开具发票的行为，主要包括：①应开具而未开具发票；②单联填开或上、下联金额，增值税销项税额等内容不一致；③填写项目不齐全；④涂改发票；转借、转让、代开发票；⑤未经批准拆本使用发票；⑥虚构经营业务活动，虚开发票；⑦开具票物不符发票；⑧开具作废发票；⑨未经批准，跨规定的使用区域开具发票；⑩以其他单据或白条代替发票开具；⑪扩大专业发票或增值税专用发票开具范围；⑫未按规定报告发票使用情况；⑬未按规定设置发票登记簿；⑭其他未按规定开具发票的行为。

（4）未按规定取得发票的行为，主要包括：①应取得而未取得发票；②取得不符合规定的发票；③取得发票时，要求开票方或自行变更品名、金额或增值税税额；④自行填开发票入账；⑤其他未按规定取得发票的行为。

（5）未按规定保管发票的行为，主要包括：①丢失发票；②损（撕）毁发票；③丢失或擅自销毁发票存根联及发票登记簿；④未按规定缴销发票；⑤印制发票的企业和生产发票防伪专用品的企业丢失发票或发票监制章及发票防伪专用品等；⑥未按规定建立发票保管制度；⑦其他未按规定保管发票的行为。

（6）未按规定接受税务机关检查的行为，主要包括：①拒绝检查；②隐瞒真实情况；③刁难、阻挠税务人员进行检查；④拒绝接受《发票换票证》；⑤拒绝提供有关资料；⑥拒绝提供境外公证机构或者注册会计师的确认证明；⑦拒绝接受有关发票问题的询问；⑧其他未按规定接受税务机关检查的行为。

对有上述所列行为之一的单位和个人，由税务机关责令限期改正，没收非法所得，可以并处 1 万元以下的罚款。有上述所列两类或两类以上行为的，可以分别处罚。

对非法携带、邮寄、运输或者存放空白发票的，包括经税务机关监制的空白发票和伪造的假空白发票，由税务机关收缴发票，没收非法所得，可以并处 1 万元以下罚款。

私自印制、伪造变造、倒买倒卖发票（包括发票防伪专用品和假发票），私自制作发票监制章、发票防伪专用品的，由税务机关予以查封、扣押或者销毁，没收非法所得和作案工具，可以并处 1 万元以上 5 万元以下的罚款；构成犯罪的，依法追究刑事责任。

违反发票管理规定，导致其他单位或者个人未缴、少缴或者骗取税款的，由税务机关没收非法所得，可以并处未缴、少缴或者骗取的税款 1 倍以下的罚款。

税务机关对违反发票管理法规的行为进行处罚，应将处理决定书面通知当事人；对违反发票管理法规的案件，应立案查处。对违反发票管理法规的行政处罚，由县以上税务机关决定；罚款或没收非法所得款在 1000 元以下的，可由税务所自行决定。

（三）账簿和凭证管理

账簿和凭证是纳税人进行生产经营活动和核算财务收支的重要依据，也是税务机关对纳税人进行征税、管理、核查的重要依据。纳税人所使用的凭证、登记的账簿、编制的报表及其所反映的内容是否真实可靠，直接关系到计征税款依据的真实性，从而影响应纳税款及时足额入库。账簿、凭证管理是税收管理的基础性工作。加强账簿、凭证管理，目的在于促使纳税人如实反映生产、经营情况，保证国家税收的正确计征，预防和打击偷逃税等违法行为。

1. 账簿设置的规定

纳税人、扣缴义务人应按照有关法律、行政法规和国务院财政、税务主管部门的规定设置账簿，根据合法、有效凭证记账，进行会计核算。

（1）从事生产、经营的纳税人应当自领取营业执照或者发生纳税义务之日起15日内，按照国家有关规定设置账簿。

（2）生产经营规模小又确无建账能力的纳税人，可以聘请经批准从事会计代理记账业务的专业机构或者经税务机关认可的财会人员代为建账和办理账务。聘请上述机构或者人员有实际困难的，经县以上税务机关批准，可以按照税务机关的规定，建立收支凭证粘贴簿、进货销货登记簿或者使用税控装置。

（3）扣缴义务人应当自税收法律、行政法规规定的扣缴义务发生之日起10日内，按照所代扣、代收的税种，分别设置代扣代缴、代收代缴税款账簿。

纳税人、扣缴义务人会计制度健全，能够通过计算机正确、完整计算其收入和所得或者代扣代缴、代收代缴税款情况的，其计算机输出的完整的书面作会议记录，可视同会计账簿。

纳税人、扣缴义务人会计制度不健全，不能通过计算机正确、完整计算其收入和所得或者代扣代缴、代收代缴税款情况的，应当建立总账及与纳税或者代扣代缴、代收代缴税款有关的其他账簿。

2. 财务会计制度及其处理

纳税人的财务会计制度及其处理办法是其进行会计核算的依据，直接关系到计税依据的真实合理性。

（1）纳税人使用计算机记账的，应当在使用前将会计电算化系统的会计核算软件、使用说明书及有关资料报送主管税务机关备案。纳税人建立的会计电算化系统应当符合国家有关规定，并能正确、完整地核算其收入或者所得。

（2）纳税人、扣缴义务人的财务会计制度或者财务会计处理办法与国务院或者国务院财政、税务主管部门有关税收的规定相抵触的，依照国务院或者国务院财政、税务主管部门有关税收的规定计算应纳税款、代扣代缴和代收代缴税款。

（3）账簿、会计凭证和报表，应当使用中文。民族自治地方可以同时使用当地通用的一种民族文字。外商投资企业和外国企业可以同时使用一种外国文字。

3. 涉税资料保存和管理

从事生产、经营的纳税人、扣缴义务人必须按照国务院财政、税务主管部门规定的保管期限保管账簿、记账凭证、完税凭证及其他有关资料。账簿、记账凭证、报表、完税凭证、发票、出口凭证及其他有关涉税资料应当保存 10 年，但是法律、行政法规另有规定的除外。账簿、记账凭证、完税凭证及其他有关资料不得伪造、变造或者擅自损毁。

（四）纳税申报管理

纳税申报，是指纳税人按照税法规定，定期就计算缴纳税款的有关事项向税务机关提交书面报告的法定手续。纳税申报是纳税人履行纳税义务、界定法律责任的主要依据。

纳税人必须按照法律、行政法规规定或者税务机关依照法律、行政法规规定确定的申报期限、申报内容如实办理纳税申报，报送纳税申报表、财务会计报表及税务机关根据实际需要要求纳税人报送的其他纳税资料。

扣缴义务人必须依照法律、行政法规规定或者税务机关依照法律、行政法规规定确定的申报期限、申报内容如实报送代扣代缴、代收代缴税款报告表及税务机关根据实际需要要求扣缴义务人报送的其他有关资料。

1. 纳税申报的基本内容

纳税人、扣缴义务人的纳税申报或者代扣代缴、代收代缴税款报告表的主要内容包括税种、税目，应纳税项目或者应代扣代缴、代收代缴税款项目，计税依据，扣除项目及标准，适用税率或者单位税额，应退税项目及税额，应减免税项目及税额，应纳税额或者应代扣代缴、代收代缴税额，税款所属期限，延期缴纳税款，欠税，滞纳金等。

纳税人办理纳税申报时，应当如实填写纳税申报表，并根据不同的情况相应报送有关证件、资料：①财务会计报表及其说明材料；②与纳税有关的合同、协议书及凭证；③税控装置的电子报税资料；④外出经营活动税收管理证明和异地完税凭证；⑤境内或者境外公证机构出具的有关证明文件；⑥税务机关规定应当报送的其他有关证件、资料。

2. 纳税申报的主要方式

纳税申报方式，是指纳税人和扣缴义务人在纳税申报期限内，依照规定到指定税务机关进行申报纳税的形式。纳税申报的方式主要有以下类型：

（1）自行申报。自行申报也称直接申报，是指纳税人、扣缴义务人按照规定的期限自行直接到主管税务机关（报税大厅）办理纳税申报手续。这是一种传统的纳税申报方式。

（2）邮寄申报。邮寄申报是指经税务机关批准，纳税人、扣缴义务人使用统一的纳税申报专用信封，通过邮政部门办理交寄手续，并以邮政部门收据作为申报凭据的方式。邮寄申报以寄出的邮戳日期为实际申报日期。

（3）数据电文方式。数据电文方式是指以税务机关确定的电话语音、电子数据交换和网络传输等电子方式进行纳税申报。这种方式运用了新的电子信息技术，代表着纳税申报方式的发展方向，使用范围逐渐扩大。纳税人、扣缴义务人采取数据电文方式办理纳税申报的，其申报日期以税务机关计算机网络系统收到该数据电文的时间为准，与数据电文相对应的纸质申报资料的报送期限由税务机关确定。

（4）其他方式。实行定期定额缴纳税款的纳税人可以实行简易申报、简并征期等方式申报纳税。

3. 纳税申报的其他要求

（1）纳税人在纳税期内没有应纳税款的，也应当按照规定办理纳税申报。

（2）纳税人享受减税、免税待遇的，在减税、免税期间应当按照规定办理纳税申报。

（3）纳税人、扣缴义务人按照规定的期限办理纳税申报或者报送代扣代缴、代收代缴税款报告表确有困难，需要延期的，应当在规定的期限内向税务机关提出书面延期申请，经税务机关核准，在核准的期限内办理。

（4）纳税人、扣缴义务人因不可抗力，不能按期办理纳税申报或者报送代扣代缴、代收代缴税款报告表的，可以延期办理；但是，应当在不可抗力情形消除后立即向税务机关报告。税务机关应当查明事实，予以核准。

（5）经核准延期办理纳税申报、报送事项的，应当在纳税期内按照上期实际缴纳的税额或者税务机关核定的税额预缴税款，并在核准的延期内办理税款结算。

二、税款征收

税款征收是税务机关依照税收法律、法规规定将纳税人应当缴纳的税款组织入库的一系列活动的总称。它是税收征收管理工作的中心环节，是全部税收征管工作的目的和归宿。

（一）税款征收的主要方式

税款征收方式，是指税务机关根据各税种的不同特点和纳税人的具体情况而确定的计算、征收税款的形式和方法。税款征收的方式包括确定方式和缴纳方式。

1. 税款确定

（1）查账征收。查账征收是指税务机关对财务健全的纳税人，依据其报送的纳税申报表、财务会计报表和其他有关纳税资料，依照适用税率计算应纳税款的征收方式。这种征收方式较为规范，符合课税法定的基本原则，适用于财务会计制度健全、能够如实核算和提供生产经营情况、正确计算应纳税款、如实履行纳税义务的纳税人。

（2）查定征收。查定征收是指对账务制度不健全，但能控制其材料、产量或进销货物的纳税单位或个人，由税务机关依据正常条件下的生产能力对其生产的应税产品查定产量、销售额并据以征收税款的征收方式。这种征收方式适用于生产经营规模较小、产品零星、税源分散、会计账册不健全，但能控制原材料或进销货的小型厂矿和作坊。

（3）查验征收。查验征收是指税务机关对纳税人的应税商品、产品，通过查验数量，按市场一般销售单价计算其销售收入，并据以计算应纳税款的一种征收方式。这种征收方式适用于纳税人财务制度不健全，生产经营不固定，零星分散、流动性大的税源。

（4）定期定额征收。定期定额征收是指对小型个体工商户在一定经营地点、一定经营时期、一定经营范围内的应纳税经营额（包括经营数量）或所得额进行核定，并以此为计税依据，确定其应纳税额的一种征收方式。这种征收方式适用于经主管税务机关认定和县以上税务机关（含县级）批准的生产、经营规模小，达不到《个体工商户建账管理暂行办法》规定的设置账簿标准，难以查账征收，不能准确计算计税依据的个体工商户（包括个人独资企业，简称定期定额户）。

2. 税款缴纳

（1）纳税人直接向国库经收处缴纳。纳税人在申报前，先向税务机关领取税票，自行填写，然后到国库经收处缴纳税款，以国库经收处的回执联和纳税申报等资料，向税务机关申报纳税。这种缴纳方式，适用于在设有国库经收处的银行和其他金融机构开设账户，并且向税务机关申报的纳税人。

（2）税务机关自收税款并办理入库手续。这是由税务机关直接收取税款并办理入库手续的缴纳方式。适用于由税务机关代开发票的纳税人缴纳的税款；临时发生纳税义务，需向税务机关直接缴纳的税款；税务机关采取强制执行措施，以拍卖所得或变卖所得缴纳的税款。

（3）代扣代缴。代扣代缴是指按照税法规定，负有扣缴税款义务的单位和个人，负责对纳税人应纳的税款进行代扣代缴的一种方式。即由支付人在向纳税人支付款项时，从所支付的款项中依法直接扣收税款代为缴纳。其目的是对零星分散、不易控制的税源实行源泉控制。

（4）代收代缴。代收代缴是指按照税法规定，负有收缴税款义务的单位和个人，负责对纳税人应纳的税款进行代收代缴的一种方式。即由与纳税人有经济业务往来的单位和个人在向纳税人支付款项时，依法收取税款。这种方式一般适用于税收网络覆盖不到或很难控制的领域，如受托加工应征消费税的消费品、由受托方代收代缴的消费税。

（5）委托代征。委托代征是指受委托的有关单位按照税务机关核发的代征证书的要求，以税务机关的名义向纳税人征收零散税款的一种征收方式。这种方式有利于控制税源，方便征纳双方，降低征收成本。

（二）税款征收的实施措施

1. 由税务机关调整应纳税额

（1）核定应纳税额的情形。根据《税收征收管理法》的规定，纳税人有下列情形之一的，税务机关有权核定其应纳税额：

第一，依照法律、行政法规的规定可以不设置账簿的。

第二，依照法律、行政法规的规定应当设置但未设置账簿的。

第三，擅自销毁账簿或者拒不提供纳税资料的。

第四，虽设置账簿，但账目混乱或者成本资料、收入凭证、费用凭证残缺不全，难以查账的。

第五，发生纳税义务，未按照规定的期限办理纳税申报，经税务机关责令限期申报，逾期仍不申报的。

第六，纳税人申报的计税依据明显偏低，又无正当理由的。

第七，未按照规定办理税务登记的从事生产、经营的纳税人及临时经营的纳税人。

（2）核定应纳税额的方法。为了减少核定应纳税额的随意性，使核定的税额更接近纳税人实际情况和法定负担水平，税务机关有权采用下列任何一种方法核定应纳税额：

第一，参照当地同类行业或者类似行业中经营规模和收入水平相近的纳税人的税负水平核定。

第二，按照营业收入或者成本加合理的费用和利润的方法核定。

第三，按照耗用的原材料、燃料、动力等推算或者测算核定。

第四，按照其他合理方法核定。

当其中一种方法不足以正确核定应纳税额时，可以同时采用两种或两种以上的方法核定。纳税人对税务机关采取上述方法核定的应纳税额有异议的，应当提供相关证据，经税务机关认定后，调整应纳税额。

（3）关联企业纳税调整。纳税人与关联企业业务往来时，应当按照独立企业之间的业务往来收取或者支付价款、费用；不按照独立企业之间的业务往来收取或者支付价款、费用，而减少其应纳税的收入或者所得额的，税务机关有权进行合理调整。

独立企业之间的业务往来，是指没有关联关系的企业之间按照公平成交价格和营业常规所进行的业务往来。纳税人可以向主管税务机关提出与其关联企业之间业务往来的定价原则和计算方法，主管税务机关审核、批准后，与纳税人预先约定有关定价事项，监督纳税人执行。

关联企业是指有下列关系之一的公司、企业和其他经济组织：

第一，在资金、经营、购销等方面，存在直接或者间接的拥有或者控制关系。

第二，直接或者间接地同为第三者所拥有或者控制。

第三，在利益上具有相关联的其他关系。

纳税人有义务就其与关联企业之间的业务往来，向当地税务机关提供有关的价格、费用标准等资料。

纳税人与其关联企业之间的业务往来有相关情形之一的，税务机关可以调整其应纳税额：①购销业务未按照独立企业之间的业务往来作价；②融通资金所支付或者收取的利息超过或者低于没有关联关系的企业之间所能同意的数额，或者利率超过或者低于同类业务的正常利率；③提供劳务，未按照独立企业之间业务往来收取或者支付劳务费用；④转让财产、提供财产使用权等业务往来，未按照独立企业之间业务往来作价或者收取、支付费用；⑤未按照独立企业之间业务往来作价的其他情形。

纳税人有上述所列情形时，税务机关可以按照相应方法调整计税收入或者所得额：①按照独立企业之间进行的相同或者类似业务活动的价格；②按照再销售给无关联关系的第三者的价格所应取得的收入和利润水平；③按照成本加合理的费用和利润；④按照其他合理的方法。

纳税人与其关联企业未按照独立企业之间的业务往来支付价款、费用的，税务机关自该业务往来发生的纳税年度起3年内进行调整；有特殊情况的，可以自该业务往来发生的纳税年度起10年内进行调整。

2. 责令提供纳税担保

纳税担保，是指经税务机关同意或确认，纳税人或其他自然人、法人、经济组织以保证、抵押、质押的方式，为纳税人应当缴纳的税款及滞纳金提供担保的行为。包括经税务机关认可的有纳税担保能力的保证人为纳税人提供的纳税保证，以及纳税人或者第三人以其未设置或者未全部设置担保物权的财产提供的担保。

（1）适用纳税担保的情形。

第一，税务机关有根据认为从事生产、经营的纳税人有逃避纳税义务行为的，在规定的纳税期之前经责令其限期缴纳应纳税款，在限期内发现纳税人有明显的转移、隐匿其应纳税的商品、货物及其他财产或者应纳税收入的迹象，责成纳税人提供纳税担保的。

第二，欠缴税款、滞纳金的纳税人或者其法定代表人需要出境的。

第三，纳税人同税务机关在纳税上发生争议而未缴清税款，需要申请行政复议的。

第四，税收法律、行政法规规定可以提供纳税担保的其他情形。

（2）纳税担保的范围。纳税担保的范围包括税款、滞纳金和实现税款、滞纳金的费用。费用包括抵押、质押登记费用，质押保管费用，以及保管、拍卖、变卖担保财产等相关费用支出。

用于纳税担保的财产、权利的价值不得低于应当缴纳的税款、滞纳金，并考虑相关的费用。纳税担保的财产价值不足以抵缴税款、滞纳金的，税务机关应当向提供担保的纳税人或纳税担保人继续追缴。用于纳税担保的财产、权利的价格估算，除法律、行政法规另有规定外，参照同类商品的市场价、出厂价或者评估价估算。

（3）纳税担保的具体方式。

第一，纳税保证。纳税保证是指纳税保证人向税务机关保证，当纳税人未按照税收法律、行政法规规定或者税务机关确定的期限缴清税款、滞纳金时，由纳税保证人按照约定履行缴纳税款及滞纳金的行为。税务机关认可的，保证成立；税务机关不认可的，保证不成立。纳税保证为连带责任保证，纳税人和纳税保证人对所担保的税款及滞纳金承担连带责任。

纳税保证人，是指在中国境内具有纳税担保能力的自然人、法人或者其他经济组织。法人或其他经济组织财务报表资产净值超过需要担保的税额及滞纳金2倍以上的，自然人、法人或其他经济组织所拥有或者依法可以处分的未设置担保的财产的价值超过需要担保的税额及滞纳金的，为具有纳税担保能力。

国家机关、学校、幼儿园、医院等事业单位、社会团体不得作为纳税保证人。企业法人的职能部门不得作为纳税保证人。企业法人的分支机构有法人书面授权的，可以在授权范围内提供纳税担保。此外，有相关情形之一的，也不得作为纳税保证人：①有偷税、抗税、骗税、逃避追缴欠税行为被税务机关、司法机关追究过法律责任未满2年的；②因有税收违法行为正在被税务机关立案处理或涉嫌刑事犯罪被司法机关立案侦查的；③纳税信用等级被评为C级以下的；④在主管税务机关所在地的市（地、州）没有住所的自然人或税务登记不在本市（地、州）的企业；⑤无民事行为能力或限制民事行为能力的自然人；⑥与纳税人存在担保关联关系的；⑦有欠税行为的。

保证期间为纳税人应缴纳税款期限届满之日起 60 日，即税务机关自纳税人应缴纳税款的期限届满之日起 60 日内有权要求纳税保证人承担保证责任，缴纳税款、滞纳金。纳税保证期间内税务机关未通知纳税保证人缴纳税款及滞纳金以承担保证责任的，纳税保证人免除担保责任。

履行保证责任的期限为 15 日，即纳税保证人应当自收到税务机关的纳税通知书之日起 15 日内履行保证责任，缴纳税款及滞纳金。纳税保证人未按照规定的履行保证责任的期限缴纳税款及滞纳金的，由税务机关发出责令限期缴纳通知书，责令纳税保证人在限期 15 日内缴纳；逾期仍未缴纳的，经县以上税务局（分局）局长批准，对纳税保证人采取强制执行措施。

第二，纳税抵押。纳税抵押是指纳税人或纳税担保人不转移对所抵押财产的占有，将该财产作为税款及滞纳金的担保。纳税人逾期未缴清税款及滞纳金的，税务机关有权依法处置该财产以抵缴税款及滞纳金。提供担保的财产为抵押物，提供抵押物的纳税人或者纳税担保人为抵押人，税务机关为抵押权人。

第三，纳税质押。纳税质押是指经税务机关同意，纳税人或纳税担保人将其动产或权利凭证移交税务机关占有，将该动产或者权利凭证作为税款及滞纳金的担保。纳税人逾期未清缴税款、滞纳金的，税务机关有权依法处置该动产或权利凭证以抵缴税款及滞纳金。纳税质押包括动产质押和权利质押。动产质押包括现金及其他除不动产以外的财产提供的质押。汇票、支票、本票、债券、存款单等权利凭证可以质押。对于实际价值波动很大的动产或权利凭证，经设区的市、自治州以上税务机关确认，税务机关可以不接受其作为纳税质押。

纳税担保人以其动产或财产权利为纳税人提供纳税质押担保的，纳税人在规定的期限内缴清税款及滞纳金的，税务机关应当在 3 个工作日内将质物返还给纳税担保人，解除质押关系。纳税人在规定的期限内未缴清税款、滞纳金的，税务机关应当在期限届满之日起 15 日内书面通知纳税担保人自收到纳税通知书之日起 15 日内缴纳担保的税款、滞纳金。纳税担保人未按照前述规定的期限缴纳所担保的税款、滞纳金的，由税务机关责令限期在 15 日内缴纳；缴清税款、滞纳金的，税务机关自纳税担保人缴清税款及滞纳金之日起 3 个工作日内返还质物，解除质押关系；逾期仍未缴纳的，经县以上税务局（分局）局长批准，税务机关依法拍卖、变卖质物，抵缴税款、滞纳金。

3. 责令缴纳，加收滞纳金

纳税人未按照规定期限缴纳税款的，扣缴义务人未按照规定期限解缴税款的，税务机关可责令限期缴纳，并从滞纳税款之日起，按日加收滞纳税款万分之五的滞纳金。

对未按照规定办理税务登记的从事生产、经营的纳税人，以及临时从事经营的纳税人，由税务机关核定其应纳税额，责令缴纳；不缴纳的，税务机关可以扣押其价值相当于应纳税款的商品、货物。扣押后缴纳应纳税款的，税务机关必须立即解除扣押，并归还所扣押的商品、货物；扣押后仍不缴纳应纳税款的，经县以上税务局（分局）局长批准，依法拍卖或者变卖所扣押的商品、货物，以拍卖或者变卖所得抵缴税款。

加收滞纳金的起止时间，为法律、行政法规规定或者税务机关依照法律、行政法规的规定确定的税款缴纳期限届满次日起至纳税人、扣缴义务人实际缴纳或者解缴税款之日止。

4. 采取税收保全措施

（1）适用税收保全的情形及措施。税务机关责令具有税法规定情形的纳税人提供纳税担保而纳税人拒绝提供纳税担保或无力提供纳税担保的，经县以上税务局（分局）局长批准，税务机关可以采取下列税收保全措施：

第一，书面通知纳税人开户银行或者其他金融机构冻结纳税人的金额相当于应纳税款的存款。

第二，扣押、查封纳税人的价值相当于应纳税款的商品、货物或者其他财产。其他财产是指纳税人房地产、现金、有价证券等不动产和动产。

（2）不适用税收保全的财产。个人及其所扶养家属维持生活必须的住房和用品，不在税收保全措施的范围之内。个人所扶养家属，是指与纳税人共同居住生活的配偶、直系亲属及无生活来源并由纳税人扶养的其他亲属。个人及其所扶养家属维持生活必须的住房和用品不包括机动车辆、金银饰品、古玩字画、豪华住宅或者一处以外的住房。

（3）税收保全的执行与后果。税务机关执行扣押、查封商品、货物或者其他财产时，应当由两名以上税务人员执行，并通知被执行人。被执行人是自然人的，应当通知被执行人本人或者其成年家属到场；被执行人是法人或者其他组织的，应当通知其法定代表人或者主要负责人到场；拒不到场的，不影响执行。

税务机关实施扣押、查封时，对有产权证件的动产或者不动产，税务机关可以责令当事人将产权证件交税务机关保管，同时可以向有关机关发出协助执行通知书，有关机关在扣押、查封期间不再办理该动产或者不动产的过户手续。对查封的商品、货物或者其他财产，税务机关可以指令被执行人负责保管，保管责任由被执行人承担。继续使用被查封的财产不会减少其价值的，税务机关可以允许被执行人继续使用；因被执行人保管或者使用的过错造成的损失，由被执行人承担。

纳税人在税务机关采取税收保全措施后，按照税务机关规定的期限缴纳税款的，税务机关应当自收到税款或者银行转回的完税凭证之日起 1 日内解除税收保全措施。

纳税人在限期内已缴纳税款，税务机关未立即解除税收保全措施，或因税务机关滥用职权违法采取税收保全措施及采取税收保全措施不当，使纳税人的合法利益遭受损失的，税务机关应当承担赔偿责任。

(三) 税款征收的其他规定

1. 税收优先权

税收优先权表现在以下方面：

（1）税务机关征收税款，税收优先于无担保债权（法律另有规定的除外）。

（2）纳税人欠缴的税款发生在纳税人以其财产设定抵押、质押或者纳税人的财产被留置之前的，税收应当先予抵押权、质权和留置权执行。

（3）纳税人欠缴税款，同时又被行政机关决定处以罚款、没收违法所得的，税收优先于罚款、没收违法所得。

2. 税收代位权与撤销权

"税收代位权制度是将民事制度引入公法领域的有益尝试，不仅可以弥补税务机关行政权力行使在他人责任方面的不足，而且在立法层面上肯定了'税收债务关系'。"[①] 为防止欠税的纳税人借债权债务关系逃避纳税，《税收征收管理法》引入了《公司法》第 11 条中的代位权与撤销权概念，规定欠缴税款的纳税人因怠于行使其到期债权，或者放弃到期债章权，或者无偿转让财产，或者以明显不合理的低价转让财产而受让人知道该情形，对国家税收造成损害的，税务机关可以依照《中华人民共和国合同法》的规定行使代位权、撤销权。

欠缴税款的纳税人怠于行使其到期债权，对国家税收造成损害的，税务机关可以向法院请求以自己的名义代位行使纳税人的债权，但该债权专属于纳税人自身的除外。欠缴税款的纳税人放弃其到期债权或者无偿转让其财产，对国家税收造成损害的，税务机关可以请求法院撤销纳税人的行为。欠缴税款的纳税人以明显不合理的低价转让财产，对国家税

---

① 张富强，黎建辉. 论税收代位权行使的条件及其法律效果 [J]. 现代财经（天津财经大学学报），2007（05）：66.

收造成损害的，并且受让人知道该情形的，税务机关也可以请求法院撤销纳税人的行为。

3. 纳税人涉税事项公告与报告

（1）县及县以上税务机关应当定期在办税场所或者广播、电视、报纸、期刊、网络等新闻媒体上公告纳税人的欠缴税款情况。

（2）欠缴税款数额较大（5万元以上）的纳税人在处分其不动产或者大额资产之前，应当向税务机关报告。

（3）纳税人有欠税情形而以其财产设定抵押、质押的，应当向抵押权人、质权人说明其欠税情况。抵押权人、质权人可以要求税务机关提供有关的欠税情况。

（4）纳税人有合并、分立情形的，应当向税务机关报告，并依法缴清税款。纳税人合并时未缴清税款的，应当由合并后的纳税人继续履行未履行的纳税义务；纳税人分立时未缴清税款的，分立后的纳税人对未履行的纳税义务应当承担连带责任。

（5）发包人或者出租人应当自发包或者出租之日起30日内将承包人或者承租人的有关情况向主管税务机关报告。发包人或者出租人不报告的，发包人或者出租人与承包人或者承租人承担纳税连带责任。

参考文献

[1] 南京晓庄学院经济与管理学院. 企业财务管理 ［M］. 南京：东南大学出版社，2017.

[2] 赵欣宇，王玮. 企业财务与预算管理 ［M］. 汕头：汕头大学出版社，2019.

[3] 蔡秀云，李红霞. 财政与税收 ［M］. 北京：首都经济贸易大学出版社，2018.

[4] 陈昌龙. 财政与税收 ［M］. 北京：北京交通大学出版社，2016.

[5] 李宝敏. 现代事业单位财政税收与经济管理研究 ［M］. 北京：中国商业出版社，2022.

[6] 梁馨予. 税收筹划与现代企业财务管理工作研究 ［J］. 中国产经，2023（20）：155.

[7] 文冬梅. 企业财务管理存在的问题及其对策探索 ［J］. 老字号品牌营销，2023（18）：134.

[8] 曹雪梅. 企业财务管理中应树立的理财观念 ［J］. 财会通讯，2003（12）：69.

[9] 谯颖. 试论企业财务管理中的筹资策略 ［J］. 中小企业管理与科技，2023（08）：167.

[10] 杨巧志. 企业财务管理与成本控制问题及其应对策略 ［J］. 老字号品牌营销，2023（18）：140.

[11] 汤杰. 财务管理筹资方式比较探究 ［J］. 经贸实践，2018（04）：301.

[12] 丁双元. 市场经济条件下企业最佳资本结构探析 ［J］. 武汉船舶职业技术学院学报，2018，17（01）：36.

[13] 朱龙辉. 财务管理下的投资决策与风险管理 ［J］. 纳税，2023，17（28）：73.

[14] 裴瑞. 国有基金投资控股企业的财务管理研究 ［J］. 全国流通经济，2023（04）：48.

[15] 刘德建. 论应收账款管理中内部控制制度的建立 ［J］. 中国集体经济，2023（29）：150.

[16] 刘凤菊. 浅谈经济时代企业财务利润分配管理 ［J］. 知识经济，2012（20）：132.

[17] 刘昊，崔春晓，陈工. 中国式现代化新征程中的财政职能与政策实施 [J]. 地方财政研究，2023（07）：54.

[18] 王励. 新时代背景下税收治理原则再思考 [J]. 曲靖师范学院学报，2022，41（04）：124.

[19] 郑煜. 中国国防支出与经济增长的关联研究 [J]. 中国管理信息化，2017，20（24）：124.

[20] 王慧莹. 山东省财政社会保障支出对城乡居民收入差距的影响研究 [D]. 济南：山东财经大学，2023.

[21] 鄢志娟. 新发展阶段政府预算管理面临的挑战及改革 [J]. 预算管理与会计，2021（11）：31.

[22] 孙硕，邓淑莲. 国家治理现代化背景下的政府预算收支分类体系研究 [J]. 财政研究，2020（12）：22.

[23] 李航，樊西为，赵明学，等. 财政政策工具助力经济增长 [J]. 新理财，2020（04）：61.

[24] 梁燕玲. 税务管理在企业价值管理中的应用 [J]. 中国集体经济，2023（29）：46.

[25] 张富强，黎建辉. 论税收代位权行使的条件及其法律效果 [J]. 现代财经（天津财经大学学报），2007（05）：66.

[26] 双燕. 财务报表分析在企业财务管理中的作用 [J]. 管理学家，2023（1）：46-48.

[27] 王利军. 浅议企业财务管理 [J]. 中国外资（下半月），2013（1）：109，111.

[28] 章珏. 合理选择企业财务管理目标 [J]. 时代经贸，2011（11）：185-186.

[29] 潘德忠. 试论企业财务管理 [J]. 中国对外贸易（英文版），2012（14）：410.

[30] 侯京华. 企业财务管理目标初探 [J]. 湖北社会科学，2002（8）：55-56.

[31] 刘林戈. 全面预算管理在电力企业财务管理中的运用 [J]. 商业观察，2023，9（24）：116-120.

[32] 周美玲. 完善财政税收管理体制 [J]. 中国经贸，2013（18）：175.

[33] 万珂. 试论财政税收体制改革 [J]. 赤子，2013（7）：133.

[34] 李彩霞. 浅议财政税收中的分配职能 [J]. 经济视野，2014（17）：287.

[35] 林权，常舒雅. 我国财政税收工作研究 [J]. 经贸实践，2016（12）：64-66.